유배도 예술은
막을 수 없어

유배도 예술은 막을 수 없어

허균부터 정약용까지
고난 속에서 피어난
조선 7인방

신승미·김영선 지음

다른

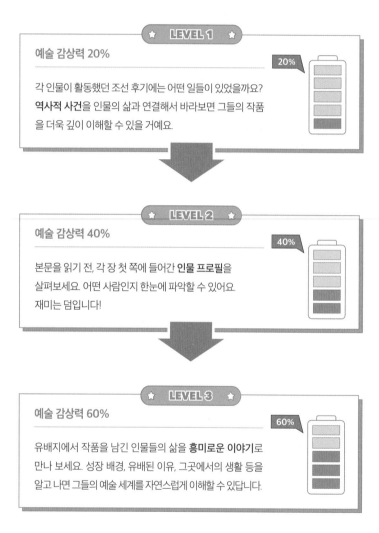

LEVEL 1

예술 감상력 20%

20%

각 인물이 활동했던 조선 후기에는 어떤 일들이 있었을까요?
역사적 사건을 인물의 삶과 연결해서 바라보면 그들의 작품
을 더욱 깊이 이해할 수 있을 거예요.

LEVEL 2

예술 감상력 40%

40%

본문을 읽기 전, 각 장 첫 쪽에 들어간 **인물 프로필**을
살펴보세요. 어떤 사람인지 한눈에 파악할 수 있어요.
재미는 덤입니다!

LEVEL 3

예술 감상력 60%

60%

유배지에서 작품을 남긴 인물들의 삶을 **흥미로운 이야기**로
만나 보세요. 성장 배경, 유배된 이유, 그곳에서의 생활 등을
알고 나면 그들의 예술 세계를 자연스럽게 이해할 수 있답니다.

LEVEL 4

예술 감상력 80%

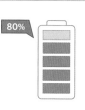

역사 용어는 너무 어려워~! 하지만 포기할 수 없겠죠?
본문 속 **팁박스 '지식 더하기'**로 쉽게 설명했어요.
이 밖에 모르는 용어는 직접 찾아보면 더 좋을 거예요.

LEVEL 5

예술 감상력 100%

각 장 끝에 들어간 **'역사 쏙 예술, 예술 쏙 역사'**를
읽어 보세요. 예술 책을 읽었는데 역사 지식까지 쌓이는
일석이조의 효과!

레벨 마스터

어디 가서 유배 예술 좀 안다고
말해도 좋습니다!

조선 후기에는 어떤 일들이 있었을까?

start!

1575
동서 붕당 시작

1592
임진왜란

허균
전라도 함열 유배
💬 1610

조카와 조카사위를 부정
입학시킨 허균을 전라도
함열로 유배하라!

윤선도
함경도 삼수 세 번째 유배
1659

1651

윤선도 <고산유고>

김만중
강원도 금성 첫 번째 유배
1673

김만중
평안도 선천 두 번째 유배
1687

1687

김만중 《구운몽》

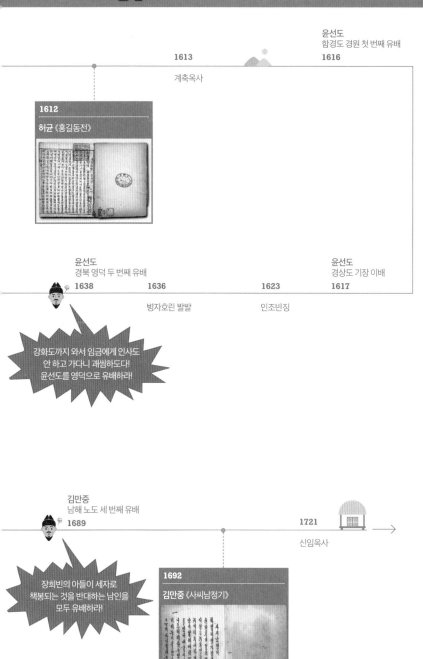

윤선도
함경도 경원 첫 번째 유배
1616

1613

계축옥사

1612

허균 《홍길동전》

윤선도
경북 영덕 두 번째 유배
1638

1636

병자호란 발발

1623

인조반정

윤선도
경상도 기장 이배
1617

강화도까지 와서 임금에게 인사도
안 하고 가다니 괘씸하도다!
윤선도를 영덕으로 유배하라!

김만중
남해 노도 세 번째 유배
1689

1721

신임옥사

장희빈의 아들이 세자로
책봉되는 것을 반대하는 남인을
모두 유배하라!

1692

김만중 《사씨남정기》

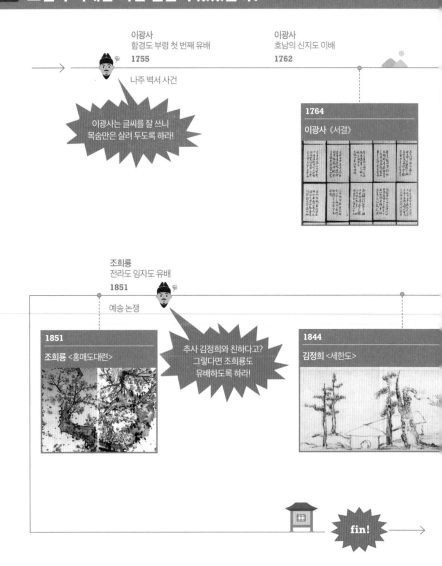

이 책에 나오는 인물별 업적과 역사적 사건

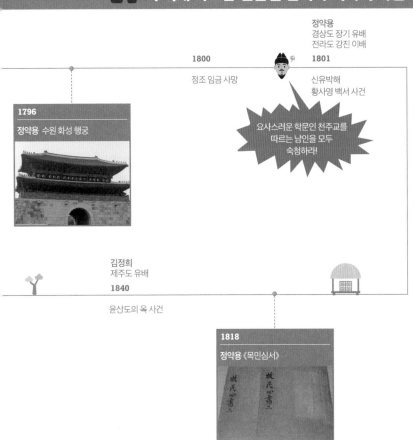

정약용
경상도 장기 유배
전라도 강진 이배

1800

정조 임금 사망

1801

신유박해
황사영 백서 사건

요사스러운 학문인 천주교를
따르는 남인을 모두
숙청하라!

1796

정약용 수원 화성 행궁

김정희
제주도 유배

1840

윤산도의 옥 사건

1818

정약용 《목민심서》

차례

1

어떤 고난도

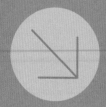 성소부부고

나를 막진 못해

1569~1618

허   균

허균

許筠

校山 許筠 筩

> 나는 조선의
> 아웃사이더

관계성

허난설헌·허봉·허성 #우리_가족

도연명·이태백·소동파 #최애_시인 #상상_
속_친구

손곡 이달 #스승 #소설_주인공

재미로 보는 인물 그래프

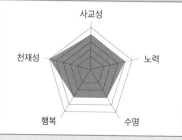

사교성

노력

수명

행복

천재성

이 사람은 누구일까?

동에 번쩍, 서에 번쩍한다. 새어머니에 의해 죽임을 당할 뻔했다. 분신술을 쓰는 의적이다. 성이 홍씨인데 학교에서 보내는 가정통신문의 예시란에는 항상 번호가 1번인 학생으로 나온다. 그렇다. 그의 이름은 바로 홍길동이다. 거기다 '아버지를 아버지라 부르지 못하고, 형을 형이라 부르지 못한 사람', '당대의 신분제도에 반대했던 사람'이라고 하면 우리는 바로 홍길동을 떠올린다.

그럼 이렇게 유명한 홍길동이 등장하는 《홍길동전》을 지은 사람은 누구일까? 많은 사람이 작자 미상으로 알고 있지만, 《홍길동전》을 지은 작가는 바로 허균이다. 그런데 허균이라는 이름을 들어 본 적 있는 사람도 그가 약 20년에 걸친 관직 생활 동안 유배와 파직이 반복된 삶을 살았다는 것을 아는 사람은 드물다. 도대체 허균에게 무슨 일이 있었길래 그토록 파란만장한 인생을 살았던 걸까? 그리고 《홍길동전》을 지은 것 외에 유배 생활을 하는 동안 그는 무엇을 했을까? 지금부터 허균에 대해 자세히 알아보자.

조선의 선비라면 유배 정도는 다녀와야지

조선 시대는 우리나라 역사상 가장 많은 사람이 유배되었던 시대다. 심지어 코끼리도 유배되고 외국인도 유배되었다. 1412년 일본 국왕이 조선의 제3대 국왕인 태종에게 선물로 보낸 코끼리가 사람을 밟아 죽인 일이 있었다. 이 코끼리는 살인이라는 죄목으로 전라도의 장도라는 섬에 유배되었다. 그리고 《하멜표류기》로 유명한 네덜란드인 헨드릭 하멜도 전라남도 강진군으로 유배되어 약 7년간 그곳에서 노역했다. 15~16세기 관료 중 24퍼센트가 유배 경험이 있다고 하니, 조선 시대의 선비라면 유배 경험은 있어야 한다는 말이 나올 정도다.

유배는 죄인을 먼 곳으로 보내 가족, 친구들과 떨어져 강제로 살게 하는 형벌이다. 보통 신분과 상관없이 유배되긴 했으나, 주로 선비들이 정치 싸움에 휘말려 가는 경우가 많았다. 유배 죄인이 유배지로 가는 길과 그곳에서의 생활은 신분이나 재산에 따라 천차만별이었다. 의금부나 형조에서 곤장을 맞고 죽을 고생을 하며 걸어서 유배지까지 가는 사람도 있었고, 나라에서 말과 유배 비용을 대줘서 비교적 편하게 가는 사람도 있었다. 유배가 끝나고 다시 돌아와 관직에 오르는 경우도 있었지만, 유배지에서 병에 걸려 죽는 사람도 많았다.

허균의 유배지는 전라도의 함열이라는 곳으로, 지금의 전라북도 익산이다. 그는 26세에 벼슬길에 오른 후 몇 번의 파직과 탄핵을 반복해서 당하다가 결국 43세에 유배형을 받게 된다. 함열은 서울에서 500리 정도 떨어진 작은 시골 마을이었다. 요즘이야 어디든 쉽고 빠르게 갈 수 있지만, 조선 시대만 해도 유배지로 가는 길은 고달프기 짝이 없었다. 허균은 의금부에 42일 동안 갇혀 있다가 곤장을 맞고 유배지로 향했다. 그리고 함열에서 약 1년간 유배 생활을 했다.

유배지까지 가는 것도 힘들지만, 그곳에서 보내는 시간도 고독하고 지루하기 그지없었다. 요즘처럼 핸드폰이나 TV가 있는 것도 아니고 인터넷도 없는 세상. 산과 강으로 둘러싸인 첩첩산중의 작은 마을에서 친구 하나 없이 쓸쓸함과 외로움을 극복하기 위해 허균은 무엇을 했을까? 어떤 사람은 유배 생활 중 당장 먹을 것이 없어서 이웃의 소를 빌려 농사를 짓기도 하고, 글좀 아는 선비인 경우엔 마을 사람들의 부탁으로 동네 아이들을 가르치는 훈장 일을 하기도 했다. 허균의 경우는 농사를 직접 지어야 할 정도로 생활이 어렵지는 않았다. 하지만 생각을 나누고 대화가 통하는 벗이 없다는 정신적 고통이 컸다.

그래서 허균은 자기가 좋아하는 시인들인 도연명, 이태백, 소동파의 초상화를 벽에 걸어놓고 집 이름을 '네 명의 친구가 사는 집'이라는 뜻인 '사우재'라고 지었다. 그리고 상상 속의 벗들과 대화를 나누었다. 얼마나 외로웠으면 진짜 친구도 아닌 옛날 중국 사람들의 초상화를 걸어두고 대화를 했을까? 그러나 이런 식으로만 하루하루를 보냈다면 그에게 유배는 큰 의미 없이 지나가는 시간이었을 것이다. 허균은 단순히 옛사람들과 상상 속의 대화를 나누는 것에 만족하지 않았다.

장독이나 덮을 정도의 하찮은 글이라고?

사람들과 만날 수도 없고 정계에 나가 일을 할 수도 없는 유배지는 허균이 그동안 갈고 닦았던 학문과 정치사상, 사회 현상에 대한 본인의 생각을 정리하기에 최적의 환경이었다. 그는 유배지에서 《성소부부고》라는 일생의 역작을 완성했다. 이 책은 현재 8권 1책이라고 전해지는데 당시에는 자그마치 64권이나 되는 어마어마한 분량이었다. 허균은 1년이라는 짧은 유배 기간에 자신이 평생 썼던 모든 시와 글들을 하나의 문집으로 엮었다. 문장 400편, 시 1,400여 수, 소설 300여 편을 담은 《성소부부고》는 양과 질에 있어서 허균 인생 최고의 작품이다.

《성소부부고》에서 '성소'는 허균의 또 다른 호이고, '부부고'는 '장독 뚜껑을 덮을 만한 보잘것없는 원고'라는 뜻이다. 장독대 뚜껑을 책으로 덮으면 그 책은 된장이나 간장에 흠뻑 젖고 비를 맞아 못 쓰게 된다. 장독대 뚜껑으로 쓸 용도라면 아마 집안에 굴러다니는 책 중에서 가장 쓸모없는 책을 찾아야 할 것이다. 그렇다면 과연 《성소부부고》가 정말 그렇게 하찮은 책일까? 허균은 사실 자신의 글에 대한 자부심이 대단했다. '부부'라는 말은 당대 유명한 시인의 시에서 따온 말이다. 허균은 자기도 그에 못지 않게 훌륭한 시인이라고 생각했기 때문에 같은 표현을 가져와서 쓴 것이다. 결국 《성소부부고》라는 제목은 본인이 쓴 책이 훌륭하다는 것을 반어적으로 강조한 셈이다.

그럼 《성소부부고》의 내용을 간단히 살펴보자. 이 책에는 백성을 바라보는 허균의 입장과 정치사상을 포함해 다양한 글이 실려 있다. 그중 〈호민론〉과 〈유재론〉에 그의 생각이 가장 잘 나타난다. 〈호민론〉에서 허균은 백성을 항민, 원민, 호민 이렇게 세 부류로 나눈다. 항민은 윗사람에게 자기 권리를 주장하지 못하고 복종하며 사는 사람들이다. 원민은 복종하지만 부당한 것에 대해 원망하는 사람들이다. 그러나 호민은 때가 되면 저항하는 사람들이고, 항민과 원민도 그때는 호민의 뒤를 따르게 된다는 것이 허균의 생각이었다. 일반적인 지배 계급은 호민 같은 건 없다고 생각했지만, 허균은 호민이 있기 때문에 바른 정치를 해야 한다고 주장했다.

〈유재론〉에서는 "하늘이 재능 있는 사람을 내었는데 이를 가문과 과거로 한정하는 것은 옳지 않다"라고 말한다. 허균은 서얼(양반의 자손 가운데 첩의 자식)도 적자와 같은 대우를 받아야 한다는 생각을 이 글에서 나타냈다.

이 책에는 다양한 소설도 실려 있다. 그중 〈손곡산인전〉은 스승인 손곡 이달을 주인공으로 한 소설이다. 이달은 남다른 능력을 지닌, 당대 가장 탁월한 시인 중 한 명이었다. 허균은 이 소설에서 뛰어난 재주를 지녔지만 신분의 한계로 출세를 못 하는 이달의 불행한 운명을 그렸다. 〈장생전〉은 장생이라는 걸인이 뛰어난 능력을 숨기고 있다가 결국 현실에서는 제 뜻을 이룰 수 없어 율도국 같은 이상향으로 떠난다는 내용이다. 이 소설에서 허균은 도둑질한 물건이 경복궁 경회루 위에 있다고 말하면서 임금인 광해군을 도둑에 비유한다.

《성소부부고》를 쓸 때 허균은 오로지 기억에만 의존해 평생 써온 글과 시를 책으로 엮었다. 그의 놀라운 기억력이 유배지라는 환경을 만나 이토록 탁월한 작품으로 재탄생한 것이다. 허균이 유배되지 않았더라면 아마 《성소부부고》도 세상에 나올 수 없었을 것이다. 유배 생활은 많은 사람에게 자기 뜻을 꺾고 세상과 타협하는 계기가 되었지만, 허균에게는 자기 사상과 가치관을 정리하고 무엇을 위해 남은 삶을 살아갈지 곰곰이 생각하는 시기가 되었다.

여섯 번이나 파직을 당하다

허균은 약 20년간 관직 생활을 하면서 여러 번 파직을 당했다. 도대체 무슨 일이 있었길래 한 번도 아니고 여러 번이나 그런 일이 있었던 걸까?

허균의 첫 번째 파직은 벼슬길에 오르고 처음 부임한 황해도에서 시작된다. 파직 사유는 허균이 황해도사로 부임한 후 기생, 천민, 서얼과 어울린다는 것이었다. 허균은 신분과 나이를 가리지 않고 다양한 사람과 교류했다. 심지어 자신의 월급인 녹봉을 친한 서얼이나 천민의 가족에게 나눠 그들을 부양하기도 했다. 이렇게 자유로운 그의 태도는 신분 제도에 기반을 둔 조선의 뿌리를 뒤흔드는 매우 위험한 모습으로 비칠 수밖에 없었다. 첫 파직의 이유는 이후에도 계속 허균을 따라다녔다. 두 번째 파직은 1605년 그의 나이 37세 때 뇌물을 받은 관찰사의 눈 밖에 나서 당했고, 세 번째는 그로부터 3년 뒤에 삼척부사로 임명되었으나 부처를 섬긴다는 이유로 당했다.

조선은 유학과 성리학을 중요시하는 사회였다. 불교에 관심을 가지는 것은 유학자들 사이에서 금기시되었다. 그런데 허균은 작은형 허봉의 소개로 사명 대사를 알게 되면서 불교의 매력에 빠졌다. 사실 조선 시대는 고려 때부터 불교가 크게 발전했기 때문에, 일반 백성 중에는 여전히 믿고 따르는 사람이 많았다.

허균 역시 그들처럼 불교를 자연스럽게 받아들였다. 그러나 집권층에서는 허균처럼 하면 관직에 머무를 수 없다는 것을 본보기로 보여 줘야 했다. 그는 이후 공주목사가 되었을 때 서자들과 가까이 지낸다는 이유로 또다시 파직되었다. 허균의 삶은 그야말로 파직을 끝없이 반복하며 권력층과 갈등하는 삶이었다.

세상과 타협하지 못하는 성격의 허균이 권력층과 갈등한 대표적인 일화가 있다. 어느 날 친구가 허균에게 백설기를 먹으라고 주었는데 허균은 그것을 판서 집에나 갖다주라는 내용의 〈오정, 기대병가〉라는 시를 썼다. '오정'은 친구인 '정용'을 뜻한다. 이 시는 그 떡을 판서 집에 갖다주면 벼슬을 줄 것이라고 친구에게 말하면서, 당시 권력가였던 기자헌을 대놓고 비판하는 내용이다. 이 일로 후에 허균은 기자헌의 아들인 기준격에게 고발당해 결국 죽음에 이르게 된다. 그의 행동은 이처럼 항상 위태로워 권력층의 미움을 살 수밖에 없었다.

계속 파직과 복직을 반복하던 허균은 급기야 유배까지 가게 된다. 조카와 조카사위를 부정 입학시켰다는 죄목이었다. 당시 과거 시험에서 친인척을 입학시키는 부정부패는 매우 흔한 일이었다. 게다가 허균이 부정 입학시켰다는 조카 허보는 굳이 그런 방법을 쓰지 않아도 될 만큼 실력이 뛰어났다. 그런데 부정행위를 한 수많은 사람 중 오직 허균만이 벌을 받게 된 것이다.

당시 좌의정이었던 이항복은 자신이 오히려 허균의 조카를 뽑는데 죄가 있다는 상소를 올리기도 했으나 조정에 받아들여지지 않았다.

카메라로 찍어 낸 듯한 기억력

허균은 1569년 초당 허엽의 셋째 아들로 태어났다. 그의 집안은 아주 잘나가는 명문가였다. 어머니는 예조 참판의 딸이었고 아버지는 화담 서경덕의 제자였다. 허엽은 심성이 청렴하고 어질어 많은 사람이 칭찬을 아끼지 않는 사람이었다. 허균에게는 두 명의 형과 세 명의 누나가 있었는데, 그는 작은형과 나이 차가 18살이나 나는 늦둥이 막내아들이었다. 허균의 가족은 모두 문장에 재능이 있었다. 특히 아버지인 허엽, 큰형인 허성, 작은형인 허봉, 누나인 허난설헌 그리고 허균까지 다섯을 가리켜 당대 사람들은 '허씨 5문장'이라고 불렀다.

이런 명문가의 막내아들인 허균은 가만히만 있어도 부귀영화를 누릴 수 있는 금수저 중의 금수저였다. 게다가 그는 어린 시절부터 수재라고 소문날 정도로 기억력과 문장력이 남달랐다. 이익이 쓴 《성호사설》의 인사문(인간 사회 전반에 대한 사상을 다룬 글)에는 허균의 기억력과 관련된 일화가 있다.

허균·허난설헌 생가터 강릉시 초당동에 허균·허난설헌 기념관과 기념 공원이 조성되어 있다.

기억력이 슬기로운 이로서 근세에 허균을 최고라 하니, 그는 눈에
한 번 거치기만 하면 문득 알아낸다는 것이다. 사람들이 시험하기
위해 붓을 한 줌 가득 주고 들어서 그 붓 끝을 보인 다음 붓을
감추고 얼마인가를 물었더니, 균이 눈으로 짐작하고 마음으로
특정하여 곧 벽을 향해 먹으로 표시하기를 붓대 끝과 같이하고

어떤 고난도 나를 막진 못해

다시 하나하나를 헤아려서 능히 알아냈다.

즉 사람들이 허균에게 붓을 보여 주니, 허균이 먹으로 붓의 털을 그대로 그리고, 그 후에 다시 하나하나 털을 세서 전체 개수를 알아냈다는 이야기다. 이를 보면 허균의 기억력은 오늘날로 따지면 거의 카메라 수준이라고 할 수 있다. 게다가 중국 사신 주지번을 영접할 때도 허균이 수백 편의 시를 암송해 중국 사신이 그것을 바탕으로 〈조선시편〉을 엮을 수 있게 했다고 한다. 한문으로 된 수백 편의 시를 글자 하나 안 틀리고 암기하다니, 이 또한 대단한 기억력을 가진 천재라서 가능한 일이었다.

허균은 9세에 이미 훌륭한 시를 지을 수 있었다. 그런데 〈어우야담〉을 보면, 허균에 대해 매형 우성전이 이런 말을 한다. "이 아이는 나중에 마땅히 문장에 뛰어난 선비가 되겠지만, 허씨 집안을 뒤엎을 자도 반드시 이 아이일 것이다." 기껏해야 초등학교 2학년 정도밖에 안 된 아이의 시가 얼마나 대단하다고 집안을 뒤엎을 자라고까지 말했을까? 아마도 어린 나이지만, 그의 시에 나타난 천재성 속에 반역과 혁명의 분위기가 깃들어 있었던 게 아니었을까? 어린 시절 허균은 아버지에게서 역사를 배웠고, 12세에 아버지가 돌아가신 후에도 꾸준히 공부에 매진했다. 그리고 17세에는 초시에, 21세에는 생원시에 급제했다. 당시 과거 시험은 부정부패가 만연했지만, 허균은 당당하게 실력으로 합격한 수재였다.

《홍길동전》으로 혁명을 꿈꾸다

허균은 유배에서 풀려난 다음 해인 1612년 전후에 《홍길동전》을 썼다. 그런데 이 소설 속 주인공이 신분 제도에 맞서는 모습을 너무 실감나게 잘 표현해서인지, 작가인 허균도 종종 서얼(서자)이라는 오해를 받곤 한다. 허균은 허엽의 두 번째 부인이 낳은 아들이긴 하지만, 허균의 어머니는 첩이 아니다. 첫 번째 부인이 죽고 나서 정식으로 혼례를 올린 사람이다. 허균은 한 마디로 재혼한 부모님 사이에서 태어난 아들이다. 허균이 서자라고 오해를 받게 된 또 다른 이유는 아마도 그가 서자나 천민과 스스럼없이 어울렸기 때문일 것이다. 그가 쓴 소설의 등장인물 중 대다수가 몰락한 양반이나 천민 같은 소외 계층인 점도 한몫한다.

《홍길동전》에는 세종대왕 시대를 배경으로 뛰어난 능력을 지녔지만 서자라는 신분의 한계 때문에 입신양명하지 못한 길동이라는 인물이 등장한다. 그는 한계를 극복하기 위해 결국 집을 나가게 되고, 탐관오리의 재물을 빼앗아 가난한 백성에게 나눠 주는 의적이 된다. 홍길동은 아버지를 아버지라 부르지 못하

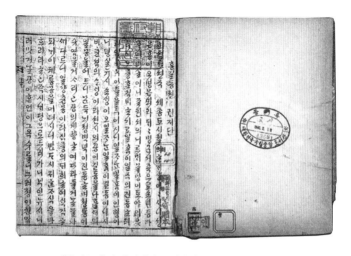

《홍길동전》의 첫 페이지 우리나라 최초의 한글 소설이다.

고 형을 형이라 부르지 못했다. 그것은 바로 그가 서자였기 때문이다. 조선은 '처첩제'라는 관습이 있어서, 남자의 경우 공식 배우자인 아내 외에 첩을 여러 명 둘 수 있었다. 그런데 정식으로 혼례를 치른 아내에게서 태어난 아이가 아니면 첩의 자식이라고 해서 서자 대접을 받았다. 서자는 과거 시험도 못 보고 출세도 할 수 없었다. 하지만 길동은 하나를 배우면 열을 아는 영민함과 분신술·도술을 부릴 줄 아는 남다른 능력이 있었다. 그는 그 능력을 가난하고 약한 사람들을 위해 사용했다. 미국에 어벤져스가 있다면 우리나라에는 홍길동이라는 영웅이 있어 악인을 물리치고 약한 이들을 도왔다.

허균은 이 책에서 신분 제도와 빈부 격차, 탐관오리의 부정부패에 대해 정식으로 문제를 제기했다. 그리고 백성들이 재밌게 읽을 수 있도록 한글로 글을 썼다. 《성소부부고》의 〈호민론〉이 양반들만 읽을 수 있는 딱딱하고 어려운 내용이라면 《홍길동전》은 소설인데다 한글로 쓴 것이기에 허균의 생각을 쉽게, 널리 알릴 수 있었다.

허균은 유배에서 돌아온 후 현실 정치에도 열심히 참여했다. 그가 정계에 복귀한 뒤 칠서의 난(7명의 서얼이 일으킨 난)이 발생했는데, 이 사건 때문에 허균과 친했던 많은 사람이 영창대군을 왕으로 추대했다는 죄목으로 고문과 죽임을 당했다. 허균은 친구와 동지들이 억울하게 죽은 것을 보고 매우 가슴이 아팠다. 그래서 억울한 사람을 더 만들지 않고 사회를 변화시키려면 어떤 방법을 써야 하는지 고민했다.

허균은 일단 광해군과 집권파의 손을 잡고 인목대비를 폐비로 만들자는 주장에 앞장섰다. 그리고 혁명을 준비하기 시작했다. 평소 친하게 지냈던 스님들과 봉기 계획을 짜고 오랑캐가 쳐들어온다는 유언비어를 퍼뜨렸다. 도성의 민심은 흉흉해지고 혁명의 분위기가 무르익는 듯했다. 그러나 남대문에 흉방(흉악한 소문을 퍼뜨리는 대자보)을 붙인 사건으로 허균의 심복이 붙잡히면서 배후로 지목된 허균도 같이 체포되었다. 결국 혁명은 실패로 끝나고, 허균은 역적으로 몰려 처형을 당했다.

　부족한 것 없는 집안에서 태어난 허균은 자기가 가진 것만 누리며 살아도 풍족한 삶을 영위할 수 있었을 것이다. 대단히 총명한데다 글까지 잘 쓰니 문장가로도, 충신으로도 역사에 이름을 남길 수 있었다. 그러나 그는 조선 사회의 근본적인 문제를 그냥 지나치지 못했다. 그때는 신분제라는 게 너무 당연했기에 그 누구도 이것이 없어져야 한다고 생각하지 못했는데, 허균은 본인이 양반임에도 불구하고 신분제 철폐를 외치면서 천민과 서자의 편에 섰다. 시대를 너무 앞서 태어나는 바람에 불행한 죽음을 맞이한 것이다. 약자의 편에 선 그의 태도와 부조리를 추방하려는 적극적인 행동력은 21세기를 살아가는 우리에게도 본보기가 된다.

허균이 엮은 누나의 책 《난설헌집》

#여성 문학 #조선 중기 문학

《난설헌집》은 우리나라에서 최초로 간행된 여성 시집이다. 여성 작가의 시집이 조선 시대에 나왔다는 것은 정말 시대를 앞서가는 일이 아닐 수 없다. 심지어 시집은 명나라와 일본에까지 전해져서 큰 인기를 끌었다.

학구적이고 남녀 차별이 거의 없던 집안 분위기 속에서 자란 허난설헌은 마음껏 공부하면서 타고난 재능을 함양할 수 있었다. 8세에 〈광한전백옥루상량문〉이라는 뛰어난 시를 지어 신동으로 전국에 소문나기도 했다.

부족함 없는 삶을 살던 허난설헌은 결혼과 함께 현실의 벽에 부딪힌다. 15세에 김성립과 결혼하자마자 남편이 공부한다고 집을 떠나면서 홀로 외롭게 지내기 시작했다. 김성립은 외모도 아내만 못한데다 재주도 뛰어나지 않아, 허난설헌이 죽을 때까지 과거에 급제하지 못했다. 허난설헌은 남편보다 학문 수준이 훨씬 뛰어났음에도 아무것도 할 수 없는 괴로움과 슬픔을 오로지 시로 달랠 수 밖에 없었다. 이런 상황에서 아버지도 죽고, 사랑하는 아들과 딸이 모두 어린 나이에 전염병으로 죽는 불행한 일까지 발생했다. 그러자 허난설헌도 자신이 지은 모든 시를 불태우라는 유언만을 남긴 채 시름시름 앓다가 세상을 떠나고 만다.

뛰어난 재능에 비해 굴곡진 인생을 살다 간 허난설헌의 동상

허균은 누나의 재능이 얼마나 훌륭한지 잘 알았기 때문에 유언을 어기고 시를 모아 시집으로 엮었다. 허난설헌의 뛰어난 시는 허균이라는 동생이 없었다면 아마 영영 역사 속에 묻히고 말았을 것이다.

2

시련이 있으면

극복도 있는 법

1587~1671

어부사시사

윤 선 도

윤선도

尹善道

물과 돌, 산과 나무가
내 친구라네

孤山先生尊影

프로필		대표작
출생·사망	1587년~1671년	《고산유고》
고향	서울시 종로구 연지동	〈어부사시사〉
직업	시인, 정치가, 학자	〈만흥〉
특이사항	시조 문학의 대가	〈견회요〉
		〈오우가〉

관계성

윤유기 #작은아버지 #양자

봉림 대군·인평 대군 #제자들

재미로 보는 인물 그래프

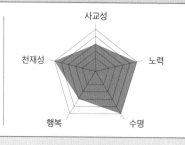

요즘 시대에 BTS 같은 아이돌이 있다면 조선 시대에는 '창가비'가 있었다. 창가비는 15세에서 20세 정도의 여자아이 중 뽑았으니 나이도 지금의 기획사 연습생과 비슷했다. 이 소녀들은 전문가에게 음악 교육을 받고 중국으로 파견되었다. 그리고 중국 황제의 연회 때 앞에 나가 노래를 부르고 악기를 연주했다. 요즘의 아이돌 그룹과 다른 점이라고 하면 창가비는 여자 노비 중에서 주로 뽑았고 시각장애가 있는 악사에게 음악을 배웠다는 점이다. 시각장애인은 앞을 보지 못하는 대신 청각이 고도로 발달하기 때문에 음악가로서는 최고의 자질을 지니는 셈이다. 그럼 창가비를 포함해 조선 시대 사람들이 즐겨 불렀던 노래는 무엇일까?

조선 시대 우리 조상들이 즐겨 불렀던 노래로는 민요, 판소리, 가사(단가), 사설시조 등이 있다. 그중 민요는 주로 평민이, 시조는 사대부가 부르는 노래였다. 시조는 요즘으로 치면 대중가요라고 할 수 있다. 그럼 조선 시대에 시조를 지은 사람 중 가장 유명한 사람은 누구였을까? 바로 고산 윤선도다. 고산 윤선도는 송강 정철과 함께 조선을 대표하는 시인이며, 요즘으로 치면 뛰어난 작사가다. 정철은 장가(가사)라고 부르는 긴 노래를 잘 지었고, 윤선도는 짧은 노래인 시조에 뛰어났다. 게다가 윤선도는 당시 양반들이 잘 쓰지 않던 우리말, 즉 한글로 시조를 지었다. 아름다운 우리말의 리듬을 잘 살린, 한글 시조의 길을 연 사람이 바로 윤선도다. 그럼 이렇게 유명한 시조 시인인 윤선도는 어떤 사람이었는지 지금부터 한번 알아보자.

파란만장한 삶에서 피어난 아름다움

BTS의 멤버 진이 부른 〈슈퍼 참치〉라는 노래가 있다. 이 노래 가사에는 동해 바다와 서해 바다 어디에 내 물고기가 있을지 찾아다니며 만선을 기원하는 낚시꾼의 마음이 잘 나타나 있다. 이와 비슷한 노래가 조선 시대에도 있었는데, 바로 〈어부사시사〉다. 〈어부사시사〉는 윤선도가 보길도로 가는 배 안에서 아이들이 부르던 〈어부가〉라는 민요를 듣고 영감을 얻어 만든 시조다. 그는 65세가 되던 해인 1651년 가을, 벼슬을 버리고 보길도의 부용동이라는 곳에 들어가 나날을 보냈다. 그리고 그곳의 어부들과 어촌의 풍경을 보면서 〈어부사시사〉를 지었다.

우리는 보통 어부라고 하면 파도를 헤치고 힘겹게 고기잡이를 하는 사람을 떠올린다. 하지만 이 노래 속의 어부는 생계를 위해 힘들게 고기를 잡는 사람이 아니다. 그야말로 취미로 낚시하면서 자연을 즐기는 사람이다. 그래서 그의 시조에는 여유와 흥이 넘친다. 그렇다면 이 노래를 지은 윤선도의 삶 역시 시조 속의 어부처럼 흥과 여유가 가득했을까? 전혀 그렇지 않다. 윤선도의 삶은 여유와 흥으로만 표현하기에는 긴박했고, 전투적이었으며 파란만장했다.

1637년 조선은 병자호란의 화염에 휩싸여 있었다. 청나라 태종은 직접 군사를 이끌고 서울로 진격해 왔다. 사태가 급박해지자 인조는 세자빈과 원손, 봉림 대군과 인평 대군을 강화도로 피신시키고 자신은 남한산성으로 피했다. 그러나 결국 이듬해 1월, 한강 동쪽의 삼전도에서 청 태종에게 항복하고 말았다.

해남 집에 있던 윤선도는 난리가 났다는 소식을 듣고 왕을 돕기 위해 집안사람들과 의병 수백 명을 배에 태우고 강화도로 향했는데, 도중에 왕이 삼전도에서 항복했다는 소식을 듣게 된다. 울분과 치욕을 못 이긴 윤선도는 속세와의 인연을 끊고 숨어지낼 생각으로 제주도로 향한다. 남쪽으로 내려가던 윤선도 일행은 태풍 속에서 우연히 숲이 우거진 아름다운 섬 보길도를 발견하게 된다.

정쟁과 유배로 얼룩진 윤선도의 삶에서 보길도는 이상향이고 피난처였다. 그는 벼슬살이를 하러 서울에 가거나 귀양 갔던 시기 외에 대부분의 삶을 이곳에서 살았다. 〈어부사시사〉도 유배에서 풀려나 보길도의 금쇄동에 은거할 때 지었으니, 파란만장

보길도 윤선도 원림 윤선도가 85세의 나이로 생을 마감할 때까지 살았던 곳이다.

시련이 있으면 극복도 있는 법

한 그의 삶에서 아름다운 시조가 바로 이곳에서 탄생한 것이다.

우는 것이 뻐꾸기인가 푸른 것이 버들 숲인가

이어라 이어라

어촌 두어 집이 안개 속에 들락날락

지국총 지국총 어사와

맑고 깊은 소(연못)에 온갖 고기 뛰노는구나

– 〈어부사시사〉 중 '춘사(봄 노래)'

뻐꾸기 소리 들리고 버들 숲이 연둣빛으로 물드는 봄, 바다에 물안개는 가득한데 어촌 두어 집이 안개 속에 보일락 말락 하는 모습. 깊고 맑은 물속에 온갖 고기가 뛰어노는 모습이 손에 잡힐 듯 아름다운 시조다. "지국총 지국총 어사와"라는 힘찬 후렴구는 "찌거덩 찌거덩 어여차"라는 노 젓는 소리와 어부들의 함성을 합친 의성어다. '춘사'는 봄·여름·가을·겨울 노래 각각 10수씩 모두 40수로 된 〈어부사시사〉 중 봄의 풍경을 묘사한 노래다. 이 시는 이처럼 다양한 감각적 이미지로 계절마다 바뀌는 풍경을 아름답게 그려낸다. 그리고 작품마다 '배 띄워라, 닻 올려라, 돛 달아라, 노 저어라' 등의 독특한 후렴구를 사용해 배의 출발부터 돌아오는 순간까지의 전 과정을 노래한다.

윤선도

'춘사'에서 노래한 아름다운 어촌의 풍경은 물아일체된 삶의 즐거움을 노래하는 '하사(여름 노래)'로 이어진다. '추사(가을 노래)'는 자연 속에서 누리는 소박한 삶을, '동사(겨울 노래)'는 자연 속에서 사는 자부심을 노래한다. 이처럼 〈어부사시사〉에는 현실 정치의 혼란에서 벗어나 자연을 즐기면서 여유로운 삶을 누리고자 하는 윤선도의 마음이 잘 담겨 있다. 사물이 내는 소리조차 섬세하게 녹여 낸 가사는 아름다운 우리말로 표현되어, 윤선도를 뛰어난 시조 시인으로 우뚝 서게 했다.

네 번의 유배

윤선도는 26세에 진사에 급제해서 성균관의 유생이 되었다. 그러나 1616년 광해군의 총애를 받고 있던 이이첨의 횡포에 대해 상소를 올렸다가 도리어 자신이 귀양 가는 몸이 되고 말았다. 그의 첫 유배지는 함경도 경원이었다. 함경도는 지금의 북한으로, 서울에 비하면 겨울에 훨씬 추운 지역이다. 당시 유배형을 받은 죄인은 유배길을 떠나기 전에 기본적으로 장 100대를 맞아야 했다. 윤선도 역시 장 100대를 맞은 몸으로 한양에서 함경도까지 먼 길을 갔으니, 힘들기가 이루 말할 수 없었을 것이다. 그는 눈 쌓인 산길과 살얼음이 낀 개울, 꽁꽁 얼어붙은 강물을 건너며 고향에 두고 온 가족과 친구들을 생각했다. 1월에 한양에서 출발한 윤선도는 한 달 후인 2월에야 경원에 도착했다.

유배지에 도착한 윤선도는 외롭기 그지없었다. 성 밖에 흐르는 시냇물도 울며 흐르는 것처럼 느껴졌고, 가족과 부모님에 대한 그리움으로 마음이 찢어지는 듯했다. 그래서 짓게 된 시조가 바로 〈견회요(마음을 다스리는 노래)〉다. 그러면 윤선도는 유배되기 전에도 시조를 자주 지었던 사람일까? 그렇지는 않다. 윤선도는 유배지에서 처음으로 시조를 짓기 시작했다.

시조는 어떤 글보다도 자신의 마음을 표현하기에 적절했다. 친구와 싸웠을 때, 이 세상 누구도 내 편이 아닌 것 같아서 외로울 때 우리는 음악을 듣거나 운동하거나 그림을 그리거나 글을 쓴다. 예술은 행복하고 잘나가고 여유 있을 때가 아니라 슬플 때 우리를 찾아온다. 시가 어느 날 갑자기 우리 마음에 와닿는 날이 있는 것처럼, 시조가 윤선도를 찾아온 것은 정계에 진출해 고위관료로 잘나갈 때가 아니라 극한의 외로움과 사람에 대한 그리움 속에 있을 때였다. 유배는 윤선도에게 삶을 뒤바꿔 놓는 문학을 찾아낼 기회를 주었다.

경원에서 1년을 보낸 윤선도는 부산의 기장으로 이배(유배지를 옮김)되어 유배 생활을 계속했다. 한반도 최북단에 있는 경원에서 최남단에 있는 기장까지 가는 데 적어도 1년은 걸렸다. 거의 국토 대장정을 한 셈이다. 그는 1623년 인조반정 이후 해배

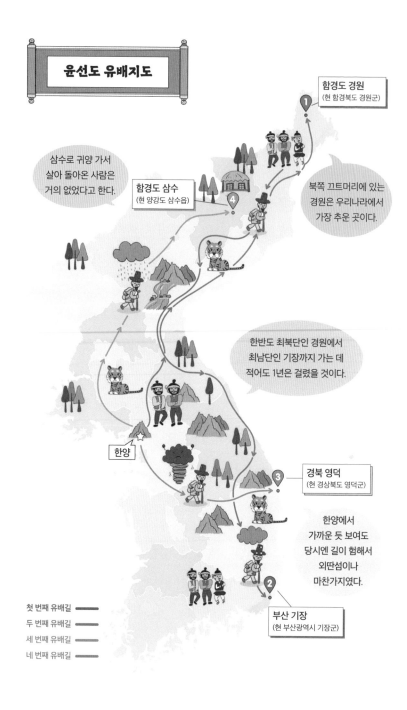

(유배에서 풀려남)될 때까지 약 7년의 세월을 유배지에서 보냈다. 관직에 진출해서 활동한 것이 4년이고 유배는 7년이니 윤선도는 30대의 대부분을 유배지에서 보낸 것이나 마찬가지다.

해배된 후 윤선도는 의금부도사가 되었다. 그러나 조정의 당파 싸움에 질린 그는 곧 관직을 박차고 시골로 내려갔다. 그후 1628년 42세의 나이로 초시에 장원 급제하면서 봉림 대군의 사부가 되었으나 1633년에는 다시금 모함받고 파직되었다. 파직만 당하고 끝난 게 아니라 병자호란 때 강화도까지 갔다가 왕을 뵙지 않았다는 죄목으로 1638년 경북 영덕에 또다시 유배된다. 그는 그곳에서 1년간 유배 생활을 했다.

윤선도는 제자였던 봉림 대군이 왕이 된 후 복직했으나, 송시열 등의 서인에 의해 탄핵을 받고 또 한 번 파직을 당했다. 1659년에는 송시열이 우두머리로 있는 서인의 세력을 꺾으려다가 실패해 이듬해 다시 함경도 삼수로 유배길을 떠났다. 윤선도의 오랜 유배 생활은 81세가 되어서야 나이가 많다는 이유로 끝났다. 31세에 성균관 유생 신분으로 첫 유배형을 받은 윤선도는 약 50년의 세월 동안 20년은 유배지에 있었고 20년은 은거했으며 나머지 약 10년간만 관직에 있었다. 그는 강력한 권력을 가진 서인과 맞섰으나 번번이 패배했다. 하지만 늘 현실과 타협하지 않고 치열하게 정면으로 부딪혔다.

한편 윤선도의 대표작들은 모두 은거와 유배 생활 중에 탄생했다. 32세의 윤선도는 첫 유배지인 함경도 경원에서 〈견회요〉 5수를 지었고, 56세에는 전라도 해남의 <u>금쇄동</u>에서 〈산중신곡〉, 〈오우가〉 등 한글시 19수를 지었다. 65세에는 <u>부용동</u>에서 〈어부사시사〉 40수를 지었다. 윤선도 문학의 대표작인 아름다운 우리말로 된 시조들은 결국 은거와 유배의 거친 황무지에서 피어난 꽃이었다.

임금에게도 할 말은 하는 청년

신이 삼가 보건대 근래 전하의 팔다리, 귀와 눈, 목구멍과 혀 노릇을 맡은 관원들과 일을 논하고 청탁을 감찰하고 인재 선발을 담당하고 있는 관원들 가운데 이이첨의 심복이 아닌 자가 없습니다. (중략) 그러므로 홍문관에서 올리는 말들에 대해 전하께서는 반드시 홍문관에서 나온 것이라고 여기시지만,

---

🛢 지식 더하기 ✕ ⊖ ◎

해남 금쇄동과 부용동
윤선도는 황금 자물쇠로 잠긴 궤를 얻는 꿈을 꾸고 며칠 지나지 않아 그 꿈과 부합하는 장소를 우연히 발견했다. 그는 그 장소의 이름을 금쇄동이라고 지었다. 부용동은 보길도의 산세가 마치 피어나는 연꽃과 같다고 하여 윤선도가 붙인 이름이다.

사실은 이이첨에게서 나온 것이며 (중략) 이조와 병조에서 나온 말도 이이첨에게서 나온 것이며, 관원들은 모든 일을 반드시 그에게 물어본 뒤에 시행합니다. (중략) 심지어 과거가 공정하지 못하다는 말은 일상적인 이야깃거리이며 시험의 제목을 미리 누출했다는 말이 파다하게 나오고 있습니다.

《조선왕조실록》의 〈광해군일기〉를 보면, 어느 날 날아든 상소 한 장이 조정을 발칵 뒤집어 놓았다는 기록이 있다. 상소에서 고발하고 있는 인물은 당대 최고의 권력가인 이이첨이다. 상소의 내용은 이이첨이 모든 조정의 일을 쥐락펴락할 뿐 아니라 과거 시험 문제조차 유출했다는 것이다. 이러한 상소를 올린 사람은 이제 갓 서른이 된 새파란 성균관 유생 윤선도였다. 그의 상소는 이이첨 일파의 부정부패와 이것을 알면서도 모르는 체한 권력의 최고층을 겨냥한 것이었다. 윤선도는 상소에 아래와 같이 시험 부정 사례를 구체적으로 제시한다.

시험이 있기 며칠 전 진사 민심이라는 사람이 신의 책을 빌리러 왔습니다. 신이 전체를 빌려주고 싶지 않아 몇 번째 권을 보고자 하느냐고 물었더니 청명절이 나와 있는 권이었습니다. 그것을 빌려주었더니 전질을 빌려 달라고 하기에 물었더니 '등촉루'

부분이었습니다. 그것은 친가에 있어서 못 빌려준다고 하니 사람을 시켜 빌려 달라고 하여 보낼 사람이 없다고 하자 자신이 직접 가서 빌리겠다고 했습니다. 하지만 책이 안방에 있어서 직접 가도 못 가져올 것이라고 하니 자신이 타고 온 말까지 빌려주겠다고 하면서 찾아와 달라고 했는데, 그 내용이 바로 다음 날 시험장에 시험 문제로 출제되었습니다.

본인이 직접 겪지 않고는 알 수 없는 상세한 정황이 담겨 있는 상소에 조정의 대신들은 할 말을 잃었다. 〈병진소〉란 '병진년에 올린 상소문'이라는 뜻으로 윤선도의 시문집(시와 글을 모은 책)《고산유고》에 실려 있다. 이 상소가 올라오자 이이첨 측에서는 사직 상소(관직에서 물러날 뜻을 밝힌 상소)로 맞대응했다. 이이첨의 보복으로 윤선도의 아버지 윤유기가 파직되고, 윤선도는 정계에 진출하자마자 유배를 당하게 되었다. 그러나 이러한 결과보다 더 중요한 것은 상소에 나타난 윤선도의 강력한 의기다. 그는 권력자를 두려워하지 않았고, 옳지 못한 일은 옳지 못하다고 말하는 사람이었다. 시조에 나타나는 여유롭고 부드러운 정서, 외로움을 솔직히 드러내는 모습과는 달리 정치가로서 그는 정적을 조금도 두려워하지 않는 사람이었다. 이 상소로 청년 윤선도는 전국에 그 이름을 널리 알리게 된다.

윤선도의 시문집《고산유고》
은거와 유배의 결과로 남긴 많은 작품이 이 책에 수록되어 있다.

사람이 자리를 만든다

'자리가 사람을 만든다'라는 말이 있다. 어떤 자리나 위치에
오르면 그 자리에 맞게 사람의 행동이나 마음가짐이 바뀐다는
말이다. 그 자리로 인해 책임감이 더 강해지고 성장할 수도 있지
만, 반대로 자리만 믿고 오만해져서 다른 사람을 무시할 수도 있
다. 권력의 자리에 오르자 그 자리를 지키려고 정적을 탄핵하고
그 가족까지 몰살하여 유배를 보내기도 했던 조선 시대 일부 권
력층은 자리가 사람을 만드는 부류였다.

윤선도의 인생은 그와 반대로 '사람이 자리를 만드는 삶'이

었다. 30대의 대부분을 유배지에서 보낸 후 다시 벼슬길에 올랐지만, 그것을 모두 거절하고 해남에 머물다가 42세에 문과에 장원 급제하면서 봉림 대군과 인평 대군의 사부가 된다. 그 후 봉림 대군과의 인연으로 윤선도는 벼슬자리가 점점 높아졌지만 결국 정적들에게 모함을 당해 성산 현감으로 좌천(낮은 관직이나 지위로 떨어짐)된다. 하지만 그는 좌천된 자리에서도 최선을 다해 백성을 살피고, 억울하게 세금 매긴 땅을 조사해 조정에 보고하는 등 자신의 소임을 다했다. 60세가 넘은 그는 이제 더 이상 왕의 스승이 아니었음에도 효종에게 직접 **시무 8조**를 올려 가르침을 주려고 노력했다.

　윤선도는 자연 속에 은거할 때는 유유자적하면서 훌륭한 시를 지어 시인으로서의 면모를 보여 주었고, 정치에 나설 때는 한 치의 물러섬도 없는 치열함으로 올바른 일을 하는 정치가였다. 자식의 위치에서는 친아버지와 양아버지 모두에게 효도하는 아들이었고, 임금의 스승 자리에 있을 때는 최선을 다해 가르쳐 성

💰 지식 더하기　　　　　　　　　　　　　❌ ➖ ❌

윤선도의 시무 8조
윤선도의 시무 8조는 다음과 같다. ① 하늘을 두려워하라 ② 마음을 다스려라 ③ 인재를 구별하라 ④ 상벌을 명확히 하라 ⑤ 기강을 세워라 ⑥ 당쟁을 없애라 ⑦ 강한 나라에 길이 있다 ⑧ 학문이 필요하다

군의 길로 이끄는 진정한 사부였다. 어느 곳에 있든지 최선을 다해서 자기 삶을 사는 사람, 사람이 자리를 만드는 사람, 그가 바로 윤선도였다.

자연과 친구가 된 시 〈오우가〉

#물아일체 #한글 시조 #연시조

내 벗이 몇인고 하니 수석(물과 돌)과 송죽(소나무와 대나무)이라
동산에 달 오르니 그 더욱 반갑구나
두어라 이 다섯 밖에 또 더하여 무엇 하리

구름 빛이 좋다(깨끗하다) 하나 검어지길 자주 한다
바람 소리 맑다 하나 그칠 적이 많음이라
좋고도 그칠 일 없기는 물뿐인가 하노라

"내 주변에 있는 '사물' 중에 친구가 될 만한 것을 골라 보세요. 단, 내가 무언가 배울 만한 특징이 있어야 합니다." 이런 질문을 받는다면 무엇을 고를 수 있을까? 길이를 재는 자에게서는 아마 반듯함을 배울 수 있을 것이다. 또 지우개에게서는 다른 사람의 허물을 지우고 잊어 주며 다시 기회를 주는 배려심을 배울 수 있을 것이다. 아니면 자신이 가진 정보를 다 주고도 끝없이 새로운 걸 알려 주는 인터넷이라는 친구를 고를 수도 있겠다.

이처럼 다양한 전자기기와 셀 수 없이 많은 물건이 있는 요즘과 달리 윤선도가 살던 조선 시대에 사물 친구를 고르라고 한다면 당연히 자연 속에서 그 대상을 찾을 수밖에 없었을 것이다. 그렇게 늘 주변에서 볼 수 있는 달, 물, 돌, 소나무, 대나무가 윤선도의 다섯 친구가 된 것이다. 그는 주변에 흐르는 계곡물, 강물, 바닷물 등 물에게서는 태어나서 한 번도 멈추지 않고 끝없이 흐르는 영원성을 보았다. 계절에 따라 피고 지는 꽃이나 빛깔이 변하는 풀빛과는 달리 변하지 않고 늘 한결같은 바위에게서도 배울 점을 찾았다. 그리고 소나무에게서는 더위나 추위 같은 시련에 굴복하지 않는 절개를, 대나무에게서는 곧고 욕심 없는 성격을, 달에게서는 밝음과 함께 다른 사람의 허물을 보고도 침묵을 지키는 미덕을 배웠다.

이처럼 자연을 인간과 조화를 이루는 존재로 보고 사랑하는 것이 물아일체의 삶의 태도다. 물아일체란 자연과 더불어 사는 마음에서 더 나아가 '자연과 내가 하나가 되는 것'을 말한다. 윤선도의 〈오우가〉는 자연 속에서 다섯 친구를 찾은 것에서 더 나아가 인간과 자연이 서로 조화를 이루어 사는 삶을 이야기한다.

3

어머니를 위해

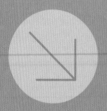

소설을 쓰다

구운몽

1637~1692

김 만 중

김만중

金萬重

한글로 쓴 문학이라야
진정한 국문학이지!

프로필		대표작
출생·사망	1637년~1692년	《서포만필》
고향	조선 한성부	《구운몽》
직업	문신, 소설가	《사씨남정기》
특이사항	배 위에서 태어난 유복자	

관계성

어머니 #강남_엄마_저리가라 #일타_강사

숙종 #사씨남정기 #정면_저격

재미로 보는 인물 그래프

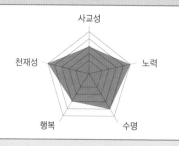

해마다 어버이날이 되면 많은 사람이 평소에 잊고 지냈던 부모님의 은혜에 감사하며 편지를 쓴다. 그러나 막상 쓰려고 하면 무슨 말로 이 긴 편지지를 다 채워야 할지 난감할 때가 많다. 게다가 핸드폰이 발달하면서부터 장문의 손편지보다는 짤막한 문자를 보내는 경우가 많아졌다. 그런데 조선 시대에 부모님을 위해 소설을, 그것도 장편 소설을 쓴 사람이 있다. 그의 이름은 바로 김만중. 조선 시대에 부모님의 은혜를 기리는 시조를 쓰거나 한시를 지은 사람은 간혹 있었지만, 장편 소설을 쓴 사람은 김만중이 유일하다. 김만중의 소설은 집에서 편히 지내면서 쓴 것이 아니다. 힘들고 고달픈 유배지에서, 자신보다 더 쓸쓸히 고향 집을 지키고 계실 어머니를 생각하며 썼기 때문에 더욱 각별하다.

또한 김만중이 소설을 쓴 이후 부모님의 은혜에 감사하는 글이나 시를 쓰는 사친(어버이를 생각한다는 뜻) 풍속이 사대부들 사이에서 널리 유행하게 되었다. 많은 사람이 김만중처럼 감사의 마음을 글로 표현해서 부모님께 드렸고, 우리가 잘 알고 있는 정조 임금도 어머니를 위해 시를 쓰고 효도의 의미를 담아 궁궐을 지었다. 그렇다면 김만중은 자기 한 몸도 돌보기 힘든 유배지에서 어떻게 이렇게까지 긴 소설을 쓰게 되었을까? 그의 삶 속으로 한번 들어가 보자.

고기 맛을 잊을 정도의 뛰어난 문장력

게임을 하다가 또는 영화를 보다가 어머니께서 밥 먹으라고 하시면 우리는 가장 좋아하는 음식조차 잊을 정도로 하던 일에 몰입할 때가 종종 있다. 그만큼 그 일이 손에서 뗄 수 없을 정도로 재미있는 경우일 테다. 이름난 학자이자 김만중의 증손자인 김춘택은 김만중의 문장을 가리켜 "옆에 고기가 있어도 그 맛을 잊고 푹 빠져서 읽을 만큼 재밌다"라고 표현했다.

'김만중'하면 《구운몽》의 저자라고만 알고 있는데, 사실 그의 뛰어난 문장력이 잘 드러난 대표작 중 가장 분량이 많고 유명한 작품은 《서포만필》이다. 《서포만필》은 김만중이 1687년에 두 번째 유배지였던 평안도 선천에서 쓰기 시작해 남해 유배가 끝날 때인 1692년에 완성한 책이다. 분량도 상권이 수필 104편에 하권이 165편이니, 총 269편의 수필을 유배지에서 5년여에 걸쳐 쓴 것이다.

이 책은 역사, 천문, 유교, 불교, 도교, 근대 과학뿐 아니라 허난설헌의 시, 오성과 한음, 인간의 불완전성, 남녀 간의 사랑, 인간의 욕망 등 김만중이 평생에 걸쳐 연구한 다양한 주제의 글을 담고 있다. 특히 《서포만필》에 실린 다양한 내용 중 유교와 불교에 대한 김만중의 생각은 특이하다고 할 만하다. 당시 조선은 유교를 숭상하고 불교를 배척하는 분위기였다. 그러나 김만중은 유교와 불교의 근본 원리가 서로 다르지 않으므로 진정으로 서로를 알지 못하고 배척하는 것은 좋지 않다는 내용의 글을 써서 매우 개방적인 생각을 드러냈다. 그리고 이러한 생각은 그의 다른 작품인 《구운몽》과 《사씨남정기》에도 드러난다.

김만중은 또한 당시의 사대부들이 여자와 평민의 글이라고 무시했던 한글에 대해서도 매우 진보적인 태도를 보였다. 김만중은 아무리 한문을 잘해도 그것은 앵무새가 사람의 말을 흉내 내는 것에 불과하다고 생각했다. 결국 우리나라 사람은 우리의 글을 쓸 때 가장 아름답고 완벽한 언어를 구사할 수 있다는 말이다. 그리하여 김만중은 훗날 그의 대표작들을 한글로 쓰게 된다. 소설에 대한 그의 생각은 더 놀랍다. 대제학까지 지낸 이름난 학자가 남녀 간의 사랑 이야기를 쓰는 자체가 매우 파격적인 행보였다. 역사와 시문 등 점잖은 글만 쓰는 것이 조선 시대의 선비가 학문을 하는 방식이었기 때문이다. 감정을 드러내는 글은 한문으로 시를 쓰는 정도가 다였던 폐쇄적인 사회에서 김만중은 매우 열린 생각을 지니고 있었다.

거리의 어린아이들은 천박하고 수준이 낮다. 집안사람들이 그 아이들 때문에 아주 질리게 되면, 돈을 주어서 모아 앉혀 두고 옛날이야기를 듣게 했다. 이야기가 삼국의 일에 이르러 유비가 패하는 것을 듣게 되면, 눈썹을 찡그리고 찌푸리다가 우는 놈마저 있다. 조조가 패하는 것을 들으면 즉시 즐거워해서 노래하며 기뻐했다. 이것이 통속 소설이 지어진 이유다.

– 《서포만필》 중에서

어린아이들이 이야기 속으로 푹 빠져드는 것, 사람들이 이야기에 감정 이입해서 웃고 울고 감동하며 주인공에게 분노하기도 하고 통쾌함을 느끼기도 하는 것. 이것이 바로 사람의 마음을 움직이는 이야기의 힘이라는 것을 김만중은 파악하고 있었다. 어려운 역사나 과학도 그 속에 이야기가 끼어들면 재미있어진다. 김만중은 일찍이 이러한 이야기의 힘을 깨닫고 직접 소설을 썼다. 그리고 그의 소설은 어머니의 마음을 위로하기 위함이라는 개인적인 소망뿐 아니라 사회 문제 비판이라는 목적도 달성할 수 있었다.

유배지에서 탄생한 베스트셀러

김만중은 29세가 되던 1665년 정시에 장원 급제한 이후 정계에 있는 동안 총 세 번 유배된다. 첫 유배지는 강원도 금성이었다. 그는 궁중 예법에 관한 논쟁인 예송 논쟁으로 인해 유배형을 받았다. 당시 권력 다툼이 심했던 서인과 남인은 '왕이나 왕비가 죽었을 때 어머니나 시어머니인 대비가 상복을 얼마 동안 입는 것이 알맞은가?'에 대해 두 차례에 걸쳐 논쟁했는데, 이 논쟁의 결과로 남인들이 세력을 잡게 되고 김만중을 포함한 서인들은 대거 유배형을 받게 되었다.

슬픔 삼키어 배 속에서 맺히니
길 떠나는 나그네 어머니와 헤어지는 정이로다.
울어서는 안 되는 줄 참으로 알지만
공허한 웃음은 어디서 생기는가

이 시는 김만중이 금성으로 유배길을 떠날 때 어머니와 이별하면서 지은 것이다. 평소 효성이 지극했던 그는 귀양 갈 때도 자신에 대한 걱정보다는 늙으신 어머니에 대한 걱정이 더 앞섰다. 이 시에는 어머니 앞에서 애써 슬픔을 참고 웃어 보이려는 김만중의 절절한 모습이 잘 나타나 있다.

김만중은 숙종 때 두 번째 유배형을 받게 된다. 그는 대제학까지 올랐으나, 51세가 되던 1687년에 장희빈을 둘러싼 사건

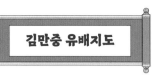

김만중 유배지도

선천은 한반도
북쪽 변방으로
매우 춥고
외진 곳이다.

2

평안도 선천
(현 평안북도 선천군)

38선

한양

함경도 경원
(현 북한 강원도 김화군)

1

가족들이 음식을
보내주는 때도 있었지만,
워낙 험준한 지역인지라
제대로 전달되기 힘들었다.

남해는
조선 시대에 유배를
가장 많이 보낸 곳 중의
하나로, 경상남도
최남단에 있다.

3

경상도 남해의 작은 섬 노도
(현 경상남도 남해군)

첫 번째 유배길 ━━━
두 번째 유배길 ━━━
세 번째 유배길 ▬▬▬

에 연루되어 평안북도 선천으로 귀양을 가게 된다. 선천은 한반도의 북쪽 변방으로 매우 춥고 외진 곳이다. 그는 이곳에서 일생 최고의 역작, 《구운몽》을 집필했다. 어린 시절부터 어머니에 대한 정이 각별했던 김만중은 늙고 쇠약한 어머니가 고향에 홀로 지내는 것에 항상 마음이 쓰였다. 그래서 어머니가 평소에 패관문학(민간의 가설이나 일화 등을 주제로 한 문학)을 즐겨 읽는다는 것을 기억하고, 어머니를 위로하기 위해 소설을 썼다.

　《구운몽》은 일종의 판타지 소설로, 선계에서 도를 닦던 '성진'이라는 사람이 스승인 육관대사의 심부름으로 용궁을 다녀오다가 8명의 선녀와 어울려 논 사건에서부터 시작한다. 이때부터 성진은 세속적인 욕망으로 마음이 흔들리게 되고, 그 벌로 인간 세계의 '양소유'라는 인물로 환생한다. 8선녀도 같은 벌을 받고 인간 세계에 환생한다. 양소유가 된 성진은 8선녀를 모두 아내로 맞이하면서, 인간이 원하는 부귀와 쾌락을 모두 누리게 된다. 하지만 나이가 들자 이 모든 게 부질없다는 것을 깨닫는다. 그 순간 성진과 8선녀는 잠에서 깨어나 자신들이 평생 살았던 화려한 삶이 하룻밤의 꿈이었다는 것을 알게 되고, 불교에 귀의한다. 김만중은 특히나 이 소설에서 당시 선비들이 금기시했던 소재인 남녀 간의 애정을 자유롭게 다룬다. 성진과 8선녀의 만남은 한결같이 다채롭고 설레며 아름답게 전개된다.

　　　　　　　　　　　　　　김만중

《구운몽》

《구운몽》은 이후의 소설에 커다란 영향을 미쳐,
비슷한 설정의 작품들이 대거 등장했다.

손을 들어 도화 한 가지를 꺾어 모든 선녀 앞에 던지니 여덟 봉오리

땅에 떨어져 변하여 명주가 되었다. 여덟 명이 각각 주워 손에

쥐고 성진을 돌아보며 찬연히 한번 웃고 몸을 솟구쳐 바람을 타고

공중으로 올라갔다. 성진이 석교 위에서 선녀가 가는 곳을 한동안

바라보더니, 구름 그림자가 사라지고 향기로운 바람이 잦아지자

바야흐로 석교를 떠났다.

–《구운몽》중에서

성진과 8선녀가 만나는 장면은 매우 아름답고 유려한 문체로 쓰여 읽는 사람이 황홀한 상상에 빠지게 한다. 이야기는 신선과 인간의 세계를 넘나들면서 용궁, 천궁, 염라부, 극락세계 등 다양한 공간을 배경으로 화려하게 전개된다. 영웅호걸, 절세미인 같은 화려한 등장인물들이 모험을 펼치며 전쟁, 자객, 궁중의 연회 등 흥미진진한 소재를 다룬다. 그뿐만 아니라 《구운몽》은 삶에 대한 근본적인 질문도 던진다. 삶을 산다는 것은 권력과 부귀를 누리며 편안함을 추구하는 것만이 중요한 게 아닐 수 있다는 것, 세속을 초월하여 진리를 탐구하는 것이 참된 삶의 길일 수 있음을 제시한다.

인위적인 일체의 법은

꿈과 환상 같고, 거품과 그림자 같으며

이슬과 같고 또한 번개와 같으니

응당 이와 같이 볼지어다.

– 《구운몽》 중에서

"삶은 때로는 꿈 같고 환상 같으며 거품과 그림자, 이슬과 번개 같다"라는 표현은 소설의 마지막 부분에 나오는 구절로, 주제를 잘 나타내면서 매우 시적이고 아름답다. 이렇게 풍부

김만중

한 이야기를 담은 《구운몽》은 당대 최고의 베스트셀러가 되었고, 다양한 한글본과 한문 필사본이 퍼지게 된다. 그뿐만 아니라 1922년 조선에 온 최초의 선교사 제임스 게일에 의해 번역되어 우리나라 최초의 영어 번역서가 된다. 1888년부터 약 40년간 한국에 살았던 제임스 게일이 많은 고전 문학 작품 중 하필 《구운몽》을 소개한 이유는 무엇일까? 그것은 바로 이 책이 동양의 사고방식과 풍습, 문화를 서양인에게 잘 보여 줄 수 있는 작품이면서 재미도 있고, 많은 사람에게 교훈과 감동을 줄 수 있는 주제를 다루기 때문이다.

유배 기간은 가족과 떨어져 혼자 쓸쓸하게 보내는 시간이지만, 김만중은 유교적 가치관으로 똘똘 뭉친 경직된 사고방식의 사대부라는 과거의 모습을 탈피하고, 소설을 쓴다는 새로운 시도를 했다. 그리고 그러한 시도는 시간과 공간을 초월해 오늘날까지 전해지는 명작의 탄생으로 이어졌다.

숙종이 읽으면 뜨끔할 《사씨남정기》

선천의 유배에서 1년 만에 풀려난 김만중은 3개월 뒤인 1689년 2월에 다시 탄핵을 당한다. 이것은 기사사화와 관련이 있는데, 기사사화는 숙종이 장희빈의 아들을 세자로 삼으려 하자 이를 반대한 서인이 장희빈의 지지 세력인 남인에 의해 유배되고 죽임을 당하게 된 사건이다. 이 사건으로 서인이었던 김만중도 다시 국청(조선 시대에 역적 등의 중죄인을 신문하기 위해 설치하던 임시 관아)과 국옥(죄를 심문하여 처벌함)을 거쳐 남해 노도로 귀양을 가게 되고 위리안치의 명을 받는다. 위리안치는 죄인이 거처하는 집 둘레에 가시로 울타리를 치고 그 안에 가두는 형벌이다. 중죄인에게 내려지는 유배형 중에서도 가장 가혹한 조치다. 같은 해 조정에서는 인현왕후가 폐출되었다.

남해는 조선에서 유배를 가장 많이 보낸 곳 중의 하나로, 경상남도 최남단에 있는 섬이다. 그리고 김만중의 유배지로 알려진 노도는 남해에서도 배를 타고 10분 정도 더 들어가야 나오는 오지 중의 오지다. 섬의 크기도 아주 작아서, 천천히 걸어도 두 시간이면 충분히 한 바퀴를 돌 수 있다. 김만중은 그런 작은 섬에서 집 밖으로 한 발짝도 나갈 수 없는 형벌을 받은 것이다. 그 답답함과 고독은 이루 말할 수 없었을 것이다. 거기다 김만중의 형 김만기도 죽는 바람에 고향 집에 홀로 계실 어머니를 생각하면 김만중은 더없이 마음이 아팠다.

이런 상황에서 그는 또다시 소설을 쓰기 시작했다. 이번에 쓴 소설은 《구운몽》보다는 훨씬 현실과 밀착된 내용이었다. 이 소설이 바로 《사씨남정기》다. 《사씨남정기》에 관해 김춘택은 그의 저서 《북헌집》에서 아래와 같이 말한다.

남해 용문사 입구에 있는 서포 문학 공원 서포 김만중의 동상이 유배지인 노도 쪽을 바라보고 있다.

언어 문자로 사람을 깨우침에 있어 인륜을 두텁게 하며 세간의
깨우침을 돕는 것이 어찌《사씨남정기》만한 것이 있겠는가?
《사씨남정기》는 서포 할아버지가 지은 것인데, 내용은 부부처첩
사이의 도덕 관계를 묘사한 것이다. 그렇지만 사람들이 이 소설을
읽으면 탄식하며 눈물을 흘리지 않는 자가 없다.

– 《북헌집》 중에서

　　《사씨남정기》는 김만중이 당대의 현실을 비판하고 백성을
가르치기 위한 목적으로 자신이 관직 생활에서 겪은 체험을 녹

어머니를 위해 소설을 쓰다

인 작품이다. 등장인물인 유한림은 숙종, 사씨는 인현왕후, 교씨는 장희빈에 비유된다. 이 소설은 처첩 간의 갈등을 선명히 묘사하면서 현실의 삶에서 일어나고 있는 갈등을 구체화한다. 또한 의로운 관료를 유배시키고 관직을 이용해 백성의 재물을 빼앗는 동청·엄승상 같은 인물을 통해 탐관오리의 부정부패를 보여 준다.

《사씨남정기》를 쓰는 와중인 1689년 9월 25일, 김만중은 유배지에서 어머니의 생신을 맞았다. 이때 그의 마음을 담아 쓴 시조가 〈사친시〉다. 그립다는 말을 쓰려고 하는데 몇 글자 적기도 전에 눈물부터 이미 흥건하니 몇 번이나 붓을 적셨다가 던져 버렸다는 구절은 어머니를 향한 김만중의 그리움을 매우 잘 나타낸다. 그런데 이 시를 지은 지 세 달 뒤인 12월 22일, 어머니가 향년 73세로 세상을 떠나고 만다. 그는 어머니가 죽고 난 다음 해 1월에야 부고를 받았다.

일찍이 남편을 잃고 홀몸으로 두 아들을 키워냈던 어머니. 훌륭한 스승이기도 했던 어머니의 부고에 김만중이 받았을 충격은 상상이 되고도 남는다. 효자였던 김만중은 자신이 유배되어 사는 집에 위패를 모셔 놓고 매일 아침 곡을 했다. 그리고 어머니가 죽고 1년째 되는 날인 소상까지 아침저녁으로 밥을 지어 올렸다. 그 후 같은 해 8월에 그는 어머니의 인생을 회고하는 글

김만중

〈선비정경부인행장〉을 썼다. 어머니를 여읜 슬픔 때문이었을까? 김만중은 그로부터 얼마 지나지 않은 1692년에 56세의 나이로 유배지에서 어머니의 곁으로 갔다.

이웃집 책을 손수 베껴서 가르친 어머니

김만중이 유별난 효자일 수밖에 없었던 이유는 그의 탄생과 어린 시절을 살펴보면 충분히 이해할 수 있다. 김만중의 어릴 적 이름은 '선생船生'이었다. '선생'은 배 위에서 태어난 아이라는 뜻이다. 말 그대로 김만중은 배 위에서 태어난 유복자(태어나기 전에 아버지가 돌아가신 아이)였다. 그의 집안은 유명한 학자 집안으로, 증조할아버지인 김장생이 율곡 이이의 제자이자 우암 송시열의 스승이었다. 김만중의 아버지인 김익겸은 병자호란 때 강화도가 함락되자 조국을 지키지 못했다는 죄책감에 화약에 불을 질러 스스로 목숨을 끊었다.

이때 김만중의 형 만기는 5세였고, 만중은 어머니 배 속에 있었다. 전란 속에서 김만중의 어머니는 남편이 죽었다는 소식을 듣고 배를 얻어 타고 피난을 가다가 1637년 2월 10일 한낮에 배 위에서 김만중을 낳았다. 그 후 김만중은 어머니를 따라 서울로 돌아와 외갓집에서 자라게 된다. 아버지 없이 태어나고 자란 김만중에게 어머니는 이 세상 하나뿐인 부모였으므로 절대적일 수밖에 없었다.

김만중의 삶에서 어머니는 길러 주고 낳아 준 존재만이 아니라 스승의 역할까지 했다. 그가 태어났을 때 고작 21세였던 윤씨 부인은 두 아들을 직접 가르쳤다. 생활이 그리 넉넉하지 않은 데다 여자였던 윤씨 부인이 어떻게 만중·만기 형제에게 수준 높은 교육을 할 수 있었을까? 그것은 바로 그녀가 입시 학원의 일타 강사급 실력을 갖추고 있었기 때문에 가능한 일이었다.

조선 시대에는 대부분의 여성이 학문을 배울 기회조차 얻지 못한 데 비해 윤씨 부인은 쟁쟁한 집안의 딸로 태어나 어린 시절부터 수준 높은 학문을 접했다. 그녀는 임금인 선조의 딸 정혜옹주의 손녀였다. 정혜옹주는 어린 윤씨 부인에게 소학을 가르쳤고, 윤씨 부인은 가르치기만 하면 다 습득할 정도로 총명했다. 결국 어머니가 지닌 높은 학식으로 만중·만기 형제는 다른 스승 없이도 수준 높은 교육을 받을 수 있었다. 김만중은 오늘날로 치면 또래보다 더 빠른 속도로, 나쁜 친구와 어울리거나 시간을 낭비할 염려 없이 학업에만 집중할 수 있는 홈스쿨링을 받은 것이나 다름없다.

〈서포연보〉에 따르면 윤씨 부인은 사서오경과 역사책에 통달해, 김만중이 젖먹이 때부터 글을 가르쳤다고 한다. 《서포집》 2권에는 "왼손에는 미음 그릇, 오른손에는 회초리를 들고 가르침으로 사랑 삼음에 어머님 마음 아파라"라는 내용의 시가 실려 있다. 〈선비정경부인행장〉에 따르면 그녀는 길쌈을 하고 수를 놓아 가족의 끼니를 이었는데, 아무리 힘들어도 베틀에서 온종일 짜던 비단을 잘라 두 아들에게 책을 사주었다. 심지어 이웃집에서 책을 빌린 다음 한 글자 한 글자 손수 베껴서 가르치기도 했을 만큼 학식과 부지런함이 남달랐다. 김만중은 어린 시절부터 이러한 어머니를 옆에서 보고 자랐으니 그에 대한 감사가 누구보다 더 깊을 수밖에 없었다.

아홉 번이나 병조판서를 거절하다

1685년 김만중은 임금에 의해 직접 병조판서에 임명되었다. 그러나 그는 두 번이나 상소를 올려 사퇴하려 했고, 임금이 허락하지 않자 또 잇달아 일곱 번의 상소를 올렸다. 결국 그는 총 아홉 번의 상소로 겨우 사직을 허락받았다. 그는 왜 병조판서를 그렇게까지 사퇴하려고 했던 것일까? 그 이유는 바로 숙부가 잡았던 병권을 자신이 또 잡게 되면 어느 한 집안에 권력이 집중된다는 이유 때문이었다. 이 일은 김만중의 청렴함을 보여 주는 대표적인 일화다.

만중이 사람됨이 온화, 결백하고 효성과 우애가 깊다. 왕비의

가까운 친척이 되어서는 더욱 청렴결백하고 문예적 소질이
뛰어나다.

– 〈숙종대왕실록〉 중에서

〈숙종대왕실록〉에 따르면 김만중은 어머니에게 효성을 다
하고 형인 김만기와도 우애가 깊으며 문학적 소질이 뛰어난 사
람이었다. 또한 숙종이 장희빈을 얼마나 총애하는지 알면서도
그 앞에서 장희빈 아들의 세자 책봉을 반대하다 유배되는 소신
있는 사람이었다.

마을의 나무꾼 아이와 물 긷는 아낙네들이 흥얼거려 서로
화답하는 소리가 비속하지만 사대부들의 시나 글보다 낫다고 한
사람. 백성의 언어로 그들을 가르치기 위해 자기 생각을 재미있
는 한글 소설로 표현한 기발하고 영리한 발상의 소유자. 글로써
백성뿐 아니라 왕도 깨우칠 수 있다는 것을 알고 문학을 통한 사
회 변혁을 꿈꿨던 사람. 김만중은 절대 고독의 순간, 세상과 단
절된 유배지에서 자신이 가지고 있던 한계와 재능을 뛰어넘어
시대를 초월하는 작품을 완성했다.

사씨가 남쪽으로 간 까닭

#한글 소설 #가정 소설 #조선 후기 문학

《사씨남정기》는 '사씨가 남쪽으로 간 이야기'라는 뜻이다. 중국 명나라 때 북경에 살던 유희라는 재상에게는 잘생기고 학문도 깊어 15세에 장원 급제한 유연수(유한림)라는 아들이 있었다. 유희는 아름답고 총명한 사정옥을 며느리로 맞이한다. 그런데 두 사람 사이에 10년이 넘도록 아이가 생기지 않아 교채란이라는 여인을 첩으로 들이게 된다. 첩으로 들어온 교채란은 사정옥을 모함해서 쫓아내고 정실부인 자리도 빼앗는다. 쫓겨난 사정옥은 남쪽으로 가게 되고, 얼마 후 진실을 알게 된 유연수도 교채란으로 인해 천자의 눈 밖에 나 남쪽으로 쫓겨난다. 그러나 결국 유연수는 사정옥과 아들 인아를 만나 원래 살던 집으로 돌아오고, 교채란에게 벌을 내린 후 사정옥과 함께 잘 살게 된다.

《사씨남정기》는 목적 소설(예술성의 구현보다는 사상을 전달하기 위한 목적으로 쓴 소설)로 숙종과 장희빈, 인현왕후를 각각 유연수, 교채란, 사정옥에 빗대었다. 이 소설에서 김만중은 숙종이 인현왕후를 폐출한 것이 장희빈의 모함 때문임을 드러내면서 임금의 잘못된 행동을 정면으로 비판한다. 그리고 착한 처와 악한 첩 사이의 갈등에서 결국은 선이 승리한다는 사필귀정과 권

한글로 쓴 《사씨남정기》

선징악의 주제를 보여 준다.

이 소설은 또한 적서 차별을 유발하는 처첩제를 고발한다. 적서 차별이란 첩의 자식은 과거를 보지 못하는 관습을 말한다. 결국 처첩제가 적서 차별을 만들었고, 그로 인해 불필요한 갈등이 유발되었으니 김만중은 조선의 가부장제에 근본적인 문제를 제기했다고 할 수 있다. 그뿐만 아니라 모든 사건의 해결 과정에 관세음보살이 돕는 내용을 담아, 김만중이 여느 사대부와는 달리 불교에 대해 긍정적으로 생각하고 있음을 보여 준다.

4

다시 태어난

서결

서체의 달인

1705~1777

이 광 사

이광사

李匡師

재주는
타고나는 것이여!

프로필

출생·사망	1705년~1777년
고향	조선 한성부
직업	문인, 서예가
특이사항	조선 고유의 서체 '동국진체' 완성

대표작

저서

《서결》

《원교법첩》

글씨

〈대웅보전〉

〈만경루〉

관계성

윤순 #스승 #조선_제일가는_달필

김광수 #절친 #서화_수집가 #서포터

신한평 #초상화 #신윤복의_아버지

재미로 보는 인물 그래프

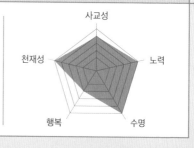

초등학교와 중학교에 다니면서 우리 모두 한 번쯤은 서예를 해봤을 것이다. 연적에 물을 떠 놓고 먹을 갈고, 붓에 먹물을 듬뿍 묻혀 화선지에 글씨를 쓰다 보면 잘 쓰건 못 쓰건 간에 자신이 선비가 된 것 같은 느낌이 든다. 숨을 고르면서 난초를 그리고 그 옆에 글씨까지 써넣다 보면 진한 먹물 향에 자기도 모르게 마음이 차분해지기도 한다. 우리 조상 중에는 훌륭한 서예가가 많다. 그중 가장 유명한 사람은 누굴까? 아마 많은 사람이 추사 김정희를 떠올릴 것이다. 그런데 추사 김정희보다 80년 앞서 태어난 원교 이광사에 대해서는 거의 들어본 적이 없을 것이다.

2020년 국립중앙박물관의 '새 보물 납시었네' 특별전에 이 두 사람의 작품이 나란히 보물로 지정되어 전시되었다. 이때 전시된 이광사의 작품은 《서결》이고, 김정희의 작품은 《서원교필결후》다. 그런데 두 작품의 이름이 어딘가 연결되는 부분이 있지 않은가? 게다가 김정희의 작품 제목에는 이광사의 호인 '원교'라는 이름까지 들어 있다.

아닌 게 아니라 《서원교필결후》는 '원교가 쓴 서결(필결)을 읽고 나서 쓴 글'이라는 뜻이다. 김정희는 그의 글에서 이광사가 쓴 서예 이론서인 《서결》이 형편없다고 신랄하게 비판한다. 그

이광사

는 심지어 "이광사는 붓 잡는 법과 먹 가는 법도 모르는 사람"이라고까지 하면서 이광사를 깎아내린다. 원교 이광사는 도대체 어떤 인물이었길래 그 유명한 김정희와 어깨를 나란히 하는 보물로 지정된 책을 썼는데도 붓 잡는 법과 먹 가는 법도 모른다는 소리를 들었던 걸까?

51세에 한 살이 된 사람

원교 이광사는 조선의 제2대 왕 정종의 열 번째 왕자인 덕천군의 10대 후손이다. 왕족의 후손이고 대대로 고위 관직에 오른 유서 깊은 가문의 일원인데도 이광사는 벼슬길에 한 번도 오르지 못했다. 학문이 부족해서가 아니었다. 오히려 학문적으로 매우 뛰어나고 글도 잘 지었다. 이광사의 가문은 소론 명문가였는데, 영조가 왕위에 즉위하자마자 폐족(조상이 큰 죄를 짓고 죽어 그 자손이 벼슬을 할 수 없게 됨)이 되어 친인척 그 누구도 벼슬길에 오르지 못했다. 이광사가 50세가 될 때까지 폐족으로 지냈으니 예전 우리 조상들의 평균 수명을 생각하면 거의 평생을 폐족으로 지낸 것이나 마찬가지다. 게다가 51세부터 23년간 유배 생활을 하다가 73세에 유배지에서 쓸쓸한 죽음을 맞이했으니, 이광사의 삶은 말 그대로 빛보다는 그림자로 가득한 인생이었다.

그렇다면 그는 어쩌다가 폐족이 되고 유배까지 가게 되었을까? 그 이유는 그의 큰아버지인 이진유가 영조가 즉위하기 전인 경종 때 노론을 몰아내는 데 앞장섰기 때문이다. 숙종 말년의 조정은 노론과 소론의 대립이 매우 심했다. 게다가 경종 말년에는 후에 영조가 되는 연잉군을 세자로 책봉하는데 힘쓴 노론을 소론이 역모로 몬 사건이 발생했다. 이 일로 노론 세력은 대거 벼슬에서 쫓겨나 유배형을 받았다. 그리고 영조가 왕위에 오르자마자 이번에는 다시 노론이 세력을 잡게 되어 소론이 보복당한 것이다. 이광사의 집안은 대대로 소론이었기에 영조가 즉위한 후 수많은 고초를 겪었다. 큰아버지 이진유는 문초를 받다가 옥사했고, 연좌제(일가친척의 범죄 때문에 죄 없이 처벌을 받거나 불이익을 받는 제도)로 인해 유배된 아버지 이진검은 유배지에서 그만 병에 걸려 죽고 만다. 큰아버지와 아버지의 죽음 이후 이광사의 집안은 본격적으로 몰락의 길을 걷기 시작했다.

이광사가 50세가 되던 해인 1755년에는 '나주 벽서 사건'이 발생했다. 이 사건은 소론의 윤지가 귀양을 갔다 돌아온 후 영조의 정통성을 부인하며 일으킨 역모 사건이다. 이 일에 이광사, 이광사의 아버지, 큰아버지가 모두 연루되었다. 그런데 이 두 사람은 이미 세상을 뜬 후여서 모든 벌은 이광사와 그의 형제들이 받았다. 그의 집안은 한동안 유배와 죽음이 끊이지 않았다. 당연히 이광사도 죽음을 면치 못할 상황이었지만 왕족의 후손인데다 글씨를 잘 쓰는 재능을 영조가 아껴, 그는 2,000리 밖으로 유배형을 받고 겨우 목숨을 건진다. 이 일을 겪은 후 이광사는 51세가 되던 해에 함경도 부령의 유배지에서 자신의 나이를 '은령 1세(임금의 성은을 얻어 생명을 구한 첫해라는 의미)'로 정해, 다시 한 살로 태어난 마음가짐으로 살겠다고 선언한다. 이는 극형에 처할 뻔한 자신의 목숨을 구해 준 임금에게 감사를 전하는 것이었다.

그럼 한 살로 다시 태어난 이광사는 유배지에서 무엇을 했을까? 그는 정말 새 삶을 사는 것처럼 치열하게 글을 썼고, 자신이 알고 있는 모든 것을 기록했고, 사랑하는 자식과 손자들에게 가르침을 담은 애틋한 사랑의 글을 보냈다. 부령에서 쓴 글들을 모은 《두남집》에는 문자학, 음운학뿐 아니라 어린 딸에 대한 애틋한 사랑이 담긴 시, 자식과 손자들에게 보내는 편지 등이 담겨 있다.

〈이월 그믐, 감기로 누워 있자니 어린 딸 생각이 배가 되어 정을 가눌 길 없다. 무릎에 감기며 옷자락을 끌던 어여쁘고 사랑스러운 모습이 눈에 아른거려 아픈 중에 억지로 풀 자리에 누워 인편을 기다려 멀리 부치니 대개 오백 자다〉라는 긴 제목의 시도 이 시기에 어린 딸에게 보낸 시였다. 제목만 봐도 알 수 있듯이 시 속에는 아버지는 유배지로 떠나고 어머니는 목매어 자살한 후 홀로 남겨진 늦둥이 어린 딸에 대한 애틋한 마음이 잘 나타나 있다. 그런데 이렇게 글을 쓰며 나날을 보내던 이광사를 주변에서 그냥 두지 않았다. 근처에 사는 백성들은 학문이 뛰어나다고 소문난 이광사에게 글을 배우고 싶어 했고, 그의 글씨를 얻고 싶어 했다. 이렇게 이광사의 주변에 사람들이 모이자 그는 다시 백성을 선동했다는 죄목을 쓰고 호남의 신지도로 이배된다. 이광사의 나이 58세 때의 일이다.

조선의 서체, 동국진체를 완성하다

이광사의 작은아들 영익은 부령에서부터 아버지를 모시고 신지도로 갔다. 이광사는 이곳에서 73세에 세상을 떠날 때까지 유배에서 풀려나지 못했다. 신지도로 이배될 때 아버지를 따라 유배지로 와서 시중을 들었던 영익의 문집 《신재집》에는 신지도에서 생활했던 부자의 모습이 잘 드러난다.

남쪽 바다 끝에 있는, 섬 전체가 약 10리밖에 안 되며 밭 가는 소와 낚싯대 정도는 있으나 수레와 말은 없었던 작은 섬 신지도에서 아들은 아침저녁으로 아버지에게 문안을 올리고 책을 읽으며 시간을 보냈다. 때로 책을 읽다가 지치면 동네 사람들과 날씨나 고기잡이에 대해 허물없는 대화를 주고받기도 했다. 이광사 부자는 신지도에서 욕심 없이 사는 법을 익히고 학문을 탐구하며 내실을 다지는 것에서 기쁨을 얻었다.

아들과 신지도에서 평화로운 나날을 보내던 이광사는 자신에게 시간이 많이 남아 있지 않음을 깨닫고 서예 이론서인 《서결》을 저술하기 시작했다. 그는 조선 사람을 위한 서체를 완성해야 한다는 사명감을 느꼈다. 신지도에서 그동안 자신이 써 왔던 글씨체를 바탕으로 그의 대표 서체인 '미친 초서'를 완성했다. 미친 초서는 원교의 독특한 획법으로, 광초(심하게 흘려 쓴 서체)로 쓴 초서를 말하는 것이다.

나이가 들어도 학문과 서예에 대한 열정이 뜨거웠던 이광사는 60세에 《서결》 전편을 완성했고 4년 뒤에 후편을 영익이 대신 기록하도록 해서 완성했다. 《서결》은 '서법의 비결'이라는 뜻으로, 다른 말로는 '필결'이라고도 한다. 이광사의 《서결》 전편은 서예의 기본적인 필법에 관한 내용이고, 이론과 평론을 겸했던 이광사의 필력을 잘 보여 주는 서예 작품이다.

그는 《서결》에서 "서법이란 살아 움직이는 것을 귀히 여기는 것이다. 따라서 살아 움직인다면 일정한 자태가 있는 것이 아니다. 비유컨대 시장 거리의 인물이나 마소는 용모도 각기 다르고 동작도 모두 구별된다"라고 했다. 즉 '살아 움직이는 것'을 강조하며 서예도 글씨를 쓰는 사람에 따라 개성이 있어야 한다고 말했다. 또한 "종이 뒷면까지 뚫겠다는 생각으로 세월을 쌓는 공력이 있어야 이룰 수 있다"라고 했다. 이는 어린 시절부터 평생

토록 글씨 연습에 최선을 다해 온 이광사의 삶에서 우러나온 말이다.《서결》은 이처럼 이광사가 평생을 탐구하고 익힌 서법의 내용을 후세에 알리고자 하는, 서예가로서의 사명감과 의지를 담고 있다.

《서결》에서 완성된 서예 이론은 '동국진체'라고 부르는 조선 고유의 서법이다. 이는 옥동 이서(조선 중기에 활동한 학자이자 서예가)에서 시작되어 이광사에서 완성되었다. 이로써 조선은 중국의 영향에서 벗어나 처음으로 고유의 서법을 갖게 되었다. 복잡한 정쟁의 한가운데 있었다면 완성하지 못했을 이 서법은 고통과 절망의 장소인 유배지에서 탄생했다. 이렇게 후배들을 위한 서예 이론서를 완성한 이광사는 15년간의 유배 생활 끝에 신지도에서 73세의 나이로 생을 마쳤다.

서예 DNA가 핏줄에 흐르는 왕족의 후예

이광사의 집안은 왕족의 후손으로, 대대로 벼슬길에 오른 명문가였다. 특히 그의 집안사람들은 모두 글씨를 잘 쓰는 명필이었다. 이광사의 조부 격인 이정영은 이순신의 '명량대첩비', '민기신도비' 등의 금석문과 궁중의 현판까지 쓸 정도의 훌륭한 글씨로 이름을 날렸다. 그 재능은 그대로 이광사에게 이어졌다. 그의 집안은 모두 학문과 예술에 뛰어나, 당대 사람들 사이에서 육진팔광六眞八匡으로 불렸다. 육진팔광의 '육진'은 이광사의 큰아버지 이진유를 비롯한 '진'자 항렬 여섯 명, '팔광'은 이광사를 비롯한 '광'자 항렬 여덟 명을 뜻했다.

1713년 이광사가 9세가 되던 무렵까지 그의 집안은 벼슬길에도 오르고 경제적으로도 여유로웠다. 이광사는 집안 곳곳에 쌓여 있던 뛰어난 서예 작품들을 수시로 접할 수 있었다. 핏속에 흐르는 서예 유전자와 서예 조기 교육의 한가운데 있었던 이광사는 서예와 떼려야 뗄 수 없는 운명을 타고난 소년이었다. 그러나 그는 타고난 재능만 있는 사람이 아니었다. 《서결》에는 그가 글씨를 쓰기 위해 얼마나 노력했는지 알 수 있는 구절이 있다.

내가 처음 서예를 배울 때는 앞선 분들이 가르쳐 주거나 이끌어 주지 않아서 깨닫기가 매우 어려웠다. (서예에) 마음을 둔 지 수십 년이 되고 닳은 붓이 거의 1,000 자루나 되어서야 겨우 얻기 어려운 것을 터득했다. 그래서 너무 즐거워하며 낮에는 밥을 잊고 밤에는 잠을 잊었으며, 여름에는 어쩌다 밤을 새우기도 했다. 누우면 손가락으로 (글씨를) 배에다 쓰고, 일어나자마자 손에서 붓을 떼지 않았다.

아무도 그에게 서예를 배우라고 강요하지 않던 집안 분위기 속에서 홀로 글씨에 관심을 기울이고 끝없이 연습하던 이광사 앞에 어느 날 백하 윤순(조선 후기의 문신이자 서예가)이 나타났다. 윤순은 이광사의 사촌 형 광명과 사촌 동서지간이었고, 아버지와는 친구 사이였다. 이광사는 어려서부터 자연스럽게 윤순을 따랐고, 그의 제자가 되었다. 그리고 윤순의 가르침대로 글씨 쓰는 법을 배워 20세가 되자 서법에서 큰 발전을 이루었다.

윤순은 이광사의 재능을 알아보고 앞길을 밝혀준 스승이었다. 그는 '조선 4대가'로 거론될 정도로 뛰어난 서예가였으며, 조선 후기 시서화 삼절이라면 시에 사천 이병연, 글씨에 백하 윤순, 그림에 겸재 정선이라고 할 정도로 탁월한 재능을 가진 사람이었다. 이광사의 서예 DNA는 윤순이라는 훌륭한 스승을 만나 더욱 발전하게 되었다. 그리고 윤순이 죽은 후에는 이광사가 스승의 자리를 대신하게 되었다.

26세, 폐족이 되다

할머니, 할아버지, 어머니, 아버지를 차례로 잃고 큰아버지

🪙 **지식 더하기**　　　　　　　　　　　　　　　　⊗ ⊖ ↗

시서화 삼절
문인 예술의 중심인 시, 서(글씨), 화(그림) 세 가지가 모두 뛰어난 경우를 말한다. 또는 시, 서, 화의 필자가 각기 달라도 세 가지가 다 훌륭한 작품을 뜻한다.

까지 잃은 후 이광사의 집안은 그의 나이 26세에 폐족이 되었다. 이로써 이광사는 뛰어난 학문 실력에도 불구하고 벼슬에 나가지 못해 생계가 어려운 지경에 이르렀다. 거기다 결혼한 지 13년째 되던 해에 이광사보다 두 살 많은 첫 번째 아내 안동 권씨가 쌍둥이를 낳다가 난산으로 죽게 되자 그 비통함은 이루 말할 수 없게 되었다. 그러나 이광사는 이토록 힘든 어려움과 고통에 절망하지 않고 학자이자 서예가로서 자신의 길을 꿋꿋이 가기 시작했다.

이 시기 이광사의 스승은 하곡 정제두였다. 정제두는 정몽주의 후손으로, 조선 후기 가장 뛰어난 양명학자다. 그는 1709년 61세에 노론에 의해 소론이 탄핵을 당하자 강화도로 낙향했다. 그리고 그곳에서 양명학을 가르치면서 강화학파를 창시했다. 이 학파는 자신의 진실한 마음에서 인간에 대한 주체적인 인식에 도달하고, 올바른 삶을 살아나갈 것을 주장했다. 그리고 겉으로 드러내기보다는 내면을 닦는 것을 중시했다. 이광사는 정제두의 가르침을 이어받아 실학(실생활에 도움되는 실용적 학문)을 배웠고 정제두의 손녀딸을 며느리로 삼았다.

이광사는 실학을 일상생활에서 실천했다. 생계를 위해 아이들을 가르치는 일을 했는데, 학생에게 가장 중요한 것은 기본적인 생활 습관이라고 말하는 스승이었다. 요즘으로 따지면 인사하기, 예절 지키기 등을 중요하게 생각했다. 그는 이러한 기본 습관을 먼저 잘 세운 다음 글공부를 시작하도록 했다. 이것은 지행합일(지식과 행동이 서로 일치함)을 강조하는 이광사 평생의 삶의 원칙이었다.

미친 초서를 쓰는 글씨 맛집

"줄을 서시오. 줄을 서!"

"오늘이 바로 미친 초서, 도보(원교) 선생이 글씨를 쓰는 날이오!"

주인이 말끔히 치워 놓은 사랑방, 탁 트인 대청마루의 창으로 산들바람이 들어온다. 절친한 벗 상고당 김광수와 마주 앉은 이광사는 하인이 들여놓은 술상을 옆에 두고 드디어 일필휘지로 글씨를 쓰기 시작한다. 빠르게 글씨를 쓰는 이광사의 속도를 못 따라가 여러 명의 어린아이가 부지런히 먹을 갈고, 이광사가 앉은 자리 뒤로는 온갖 진귀한 종이들이 어른 키 높이만큼 쌓여 글씨가 쓰이길 기다리고 있다. 이광사의 주변을 둘러싼 구경꾼들은, 앞에 있는 사람은 앉고 뒤에 있는 사람은 서서 그의 글씨를 구경한다. 먹이 노래하고 붓이 춤추는 그의 글씨를 사람들은 홀린 듯 바라본다.

비록 폐족이 되었으나 30세부터 꾸준히 다양한 서법을 익헌 이광사는 40세 이후 드디어 이름을 날리기 시작했다. 그리고 이 시기에 그는 인생 최고의 벗이자 서예 소장가였던 상고당 김광수를 만났다. 자신의 서재 이름을 '나의 벗 도보(이광사의 호)여 언제든지 오라'라는 뜻의 '내도재'라고 지을 정도로 이광사와 그의 재능을 아꼈던 김광수는 수많은 서화(글씨와 그림을 아울러 이르는 말) 작품을 소장하고 있었고, 그중에는 중국의 오래된 서예 비첩도 많았다. 그는 이광사에게 자신이 가지고 있는 귀중한 서예 작품들을 아낌없이 보여 주었다. 이광사가 새로운 서예 이론을 터득하고 자신의 글씨를 한 단계 끌어올릴 수 있었던 시기에 그의 옆에는 김광수라는 진실한 벗이 있었다.

18세기 조선 사회, 숙종에서 정조에 이르는 시기는 중국의 영향에서 벗어나 우리 고유색을 드러내는 시기였다. 서양으로 따지면 일종의 르네상스와 같은 이 기간을 문화사적으로 '진경시대'라 부른다. 김만중의 《구운몽》, 《사씨남정기》 같은 한글 소설이 등장했고 궁궐 도화서에는 그림을 그리는 화원(조선 시대 관청에 속했던 직업 화가)들의 전성시대가 열렸다. 겸재 정선에 이어 우리가 익히 아는 신윤복, 김홍도의 그림도 이 시기에 등장했다. 이광사의 스승이었던 하곡 정제두, 백하 윤순 그리고 오래된 서화 작품을 당대에 가장 많이 소장했던 김광수는 번창하던 조선 문화·예술의 중심에 있었고, 이광사 또한 이들과 교류하면서 학

이광사가 쓴 오언시

빠른 붓놀림과 획에 깃든 힘으로, 글씨가 살아 움직이는 듯 보인다.

문과 예술 세계를 더욱 넓힐 수 있었다. 또한 진경산수화(조선 후기, 산과 물이 어우러진 자연의 아름다움을 그린 그림)의 대가로 알려진 74세의 정선은 24폭의 그림이 담긴 자신의 시화첩에 유명한 서예가들을 다 제치고 이광사의 글씨를 실었다. 당시 이광사는 그 정도로 인정받는 서예가였다.

조선 최고의 갓생러

왕족의 후손으로 태어나 유복한 어린 시절을 보내고 뛰어난 재능을 가졌던 사람. 그러나 그 잠깐의 행복 뒤에 세상의 모든 불운과 불행을 한 몸에 지닌 듯한 삶을 살았던 사람. 자신의 뛰어난 재능을 오직 유배지에서만 펼쳐야 했고, 재능을 펼쳤다는 이유만으로 유배지를 이리저리 옮겨야 했던 사람. 그러나 그것조차 성은으로 여기고 유배지에서의 첫날을 다시 태어난 생일로 삼을 정도로 초긍정적이었던 사람. 이광사는 불행의 연속에서도 자기 삶을 절망과 비탄으로만 보내지 않았다.

유배지에서도 자신의 서체를 꾸준히 연마한 그는 결국 '동국진체'를 완성했다. 옥동 이서에서 백하 윤순으로 이어지는 우리나라 고유의 서체인 동국진체는 기존의 그릇된 서예 풍조에 문제를 제기하며 서법의 본질을 새롭게 정립하고자 시도했던 18세기 조선 서체의 총체적 명칭이다. 이러한 동국진체의 큰 흐름에 이광사는 자신의 재능을 아낌없이 쏟아부었고, 그렇게 완성된 조선 고유의 서체는 18세기 문화와 예술이 조선만의 색을 띠면서 화려하게 꽃피웠을 때 사대부들에게 가장 애용되었다.

자신이 당한 어려움과 고통을 누구의 탓으로도 돌리지 않고 현실을 받아들여 더욱 학문에 몰입했으며, 지식을 널리 퍼뜨리기 위해 《서결》이라는 책을 유배지에서 완성한 사람 이광사.

그는 자기가 아는 지식을 죽는 순간까지 후손에게 남기려 한 진정한 지식인이었고 하루하루 최선을 다해 성실히 살아간 조선 최고의 '갓생러'였다.

신윤복의 아버지가 그린
이광사의 초상화

#초상화 #조선 후기 미술

신한평의 초상화 작품이 드물어 희소가치가 크다.

이광사가 유배 생활을 하고 있을 때 당대 유명한 화원이었던 신한평이 그를 방문한 적이 있다. 신한평은 김홍도와 쌍벽을 이루는 조선의 대표 화가 신윤복의 아버지다. 그는 영조의 어진(임금의 초상화)을 그릴 때 수종화사(어진을 그릴 때 배경을 담당하는 화가)로 참여했던 공로로 만호(고려·조선 시대의 무관직)라는 벼슬을 받고 잠시 신지도에 들른 적이 있었다. 당시 이광사는 유배지에서 동국진체를 완성하고 미친 초서를 쓰는 사람으로 이름을 날리고 있었다. 그의 서체는 이미 전국적으로 소문이 나서 서울 일대의 선비들에게도 유명했다.

신한평은 산수화와 초상화를 잘 그렸다. 또 그의 집안에 역관이 많은 덕분에 중국과 서양 상인을 통해 물감의 재료를 구할 수 있어서 채색화에도 능했다. 그런 그가 이광사의 초상화를 그려준 것이다. 조선 시대 사람 중에 초상화를 남긴 사람은 임금을 제외하고는 그리 많지 않다. 유배 죄인의 신분으로 초상화를 남길 수 있었던 것은 불운한 이광사의 운명에 주어진 한 줄기 빛이었다. 그림에 나타난 70세 노인의 표정에는 지나간 삶에 대한 아쉬움이 깃들어 있는 듯하다. 같은 시대를 살았던 두 대가의 우연한 만남을 통해, 지금 우리는 미친 초서에 깃든 힘찬 기상이 어디서부터 온 건지 또렷이 볼 수 있게 되었다.

5

철없는 스타에서

진정한 예술가로

세한도

1786~1856

김 정 희

김정희

金正喜

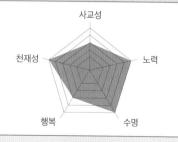

내가 바로
한류의 원조지!

프로필	대표작

출생·사망 1786년~1856년	추사체
고향 충남 예산군 신암면	〈세한도〉
직업 서예가, 성리학자, 실학자, 금석학자	〈잔서완석루〉
특이사항 조선의 종합 예술인	

관계성	재미로 보는 인물 그래프

옹방강·완원 #중국에_있는_스승 #편지로_말해요

초의스님 #절친 #커피_말고_차

이상적 #애제자 #책선물 #의리남

사교성

천재성

노력

행복

수명

21세기 세계를 홀리고 있는 한류를 보라. K-드라마 〈오징어 게임〉, K-영화 〈기생충〉, K-팝 BTS까지 세계인들은 한국만의 독특한 콘텐츠에 찬사를 보내고 있다. 그러나 이러한 열풍은 21세기만의 현상은 아니다. 200년 전에도 동아시아에서 큰 인기를 끌던 한류 스타가 있었으니, 그는 바로 조선 후기의 만능 예술인, K-예술학자 추사 김정희다.

그의 나이 예닐곱 살 때 일어난 일이다. 한 선비가 대문에 붙인 '입춘대길'이라는 글씨를 보고 발걸음을 멈췄다. '대체 이 글씨를 쓴 사람이 누구란 말인가?' 궁금함을 못 이기고 대문을 두드린 사람은 당시 실학자로 유명한 박제가였다. 박제가는 조선 후기 실학자 가운데 중국에 가장 많이 다녀온 인물이다. 그는 네 차례의 중국 방문을 통해 100명이 넘는 중국의 지식인들을 사귈 수 있었고, 국제적 안목을 갖춘 지식인으로 성장했다. 그는 청나라의 여러 문물과 제도를 관찰하고 돌아와 조선 개혁 방안을 항목별로 제시한 《북학의》라는 책을 저술하기도 했다. 시서화에 두루 뛰어났던 박제가는 글씨를 쓴 사람이 김정희인 것을 알고, "이 아이는 학문과 예술에 뛰어난 재능이 있으니, 한번 잘 가르쳐 보겠소"라고 하며 김정희의 스승을 자처했다.

또한 당시 좌의정이던 채제공도 똑같이 대문에 붙여진 글씨를 보고, "이 아이는 반드시 명필로 세상에 이름을 떨칠 것이오. 그러나 글씨를 잘 쓰게 되면 더불어 운명이 기구하게 될 것이니 절대로 붓을 잡게 하지 마시오. 그러나 만약 문장으로 세상을 울리게 되면 크게 귀하게 될 것이오"라고 말했다. 이처럼 어린 시절부터 서예 실력이 남달랐던 그는 실제로 명필로 이름을 떨쳤고 힘든 유배 생활도 했으니 채제공의 예언이 놀라울 따름이다.

유배지에서 '멋'대로 쓴 글씨, 추사체

우리나라 사람이라면 누구나 한 번쯤은 들어봤을 법한 추사체는 과연 어떤 서체일까? 보자마자 머릿속에 떠오르는 감상은 아마 '개성있다', '독특하다', '예술적이다' 등일 것이다. 이처럼 추사체는 형태도 제각각인데다 서예를 잘 모르는 사람도 이 서체의 독특한 개성을 알 수 있을 정도로 틀을 벗어난 독창성이 돋보인다.

추사체는 김정희가 제주 유배 시절에 완성했다는 설이 일반적으로 인정되고 있다. 추사체는 세상 어디에도 없는 서체였다. 딱딱한 글씨를 마치 그림 그리듯 써 내려간 예술성과 비틀어진 듯하면서도 파격적인 조형미를 자랑한다. 사람들은 이러한 추사체를 가리켜 '괴하다'라고 했다. '괴상하다'라는 뜻의 '괴'는 일반인이 수용할 수 있는 평범한 경지를 넘어서는 특이함을 뜻한다. 즉 추사체는 대단히 괴상하면서도 평범함의 틀을 깬, 개성적인 아름다움이 흘러넘치는 서체다.

1840년 김정희는 제주도로 가는 유배길에 전라남도 해남 대흥사의 주지 스님이자 친구인 초의스님을 만난다. 김정희는 이때 초의스님에게 이렇게 말한다. "원교 이광사가 쓴 〈대웅보전〉 현판을 떼어 내리게. 내가 글씨를 써줄 테니 그걸로 달게." 누구에게나 뛰어나다고 인정받는 이광사의 글씨를 떼어내게 하고 자신의 글씨를 달게 한 김정희의 자신만만한 모습은 아직 유배지의 쓴맛을 보지 못한 여유 있는 태도였을 것이다.

그리고 9년 뒤 제주 유배에서 풀려나 육지로 돌아온 김정희는 곧장 대흥사로 가서 초의스님에게 이렇게 말했다. "여보게 초의, 내가 9년 전에 제주에 가면서 떼라고 한 이광사의 〈대웅보전〉 현판을 다시 달아 줄 수 있겠나?" 그리하여 지금 대흥사 대웅보전에 원교 이광사의 현판이 걸려 있는 것이다. 유배되기 전 이광사의 글씨를 업신여기던 그는 어디로 간 것인가? 유배는 추사체만 완성하도록 한 게 아니라 오만하던 김정희를 이토록 겸손하고 열린 사람으로 만들었다.

추사가 제주도 유배에서 풀려 난 후 쓴 유명한 〈잔서완석루〉라는 글씨를 보자. 잔서완석루는 '해진 책과 볼품없는 돌이 있는

〈잔서완석루〉 가지런한 가로획과 들쭉날쭉한 세로획의 조화가 돋보인다.

집'이란 뜻이다. 명작 중의 명작이라고 평가받는 이 작품에 대해 청명 임창순 선생은 이렇게 말한다.

> "위쪽은 가로획을 살려 가지런함을 나타냈고, 아래쪽은 여러
> 가지 형태의 세로획을 들쭉날쭉하게 써서 고르지 않지만, 전체의
> 조화는 잘 어우러져 있다. 이런 구도는 일찍이 다른 서예가들이
> 상상조차 할 수 없었던 새로운 형태다."

또 단정한 예서체로 쓴 〈보정산방〉을 살펴보자. '정약용을 보배롭게 생각하는 집'이라는 뜻의 이 현판은 다산 정약용의 제자 윤종진에게 써준 것이다. 〈잔서완석루〉가 중후하고 멋스러운 느낌의 글씨라면 〈보정산방〉은 동글동글하면서 아담하고 사랑스러운 느낌이다. 더구나 글자 배치도 현대적인 감각으로 디자인해 대단히 멋스럽다. '고무래 정ㄒ' 자는 아래 획을 길게 늘어뜨

〈보정산방〉 자유자재로 변화하는 추사체의 참모습을 보여 준다.

려 운치 있게 꼬부리고, '뫼 산山' 자는 위쪽으로 바짝 올려 납작하게 처리했다.

〈계산무진〉을 보면 '뫼 산' 자가 〈보정산방〉의 '뫼 산' 자와는 전혀 다르다. 마치 숲이 있는 산 같은 웅장한 느낌이다. 첫 글자인 '계곡 계谿' 자에서는 계곡의 폭포가 느껴진다. 각각 다른 사람이 쓴 것 같은 이 글씨들에 한 가지 공통점이 있는데, 바로 쓰는 이의 영혼이 자유롭게 살아 움직인다는 느낌이다.

김정희와 같은 시대에 살았던 조선의 학자 박규수의 증언을 통해 추사체의 성립 과정을 살펴볼 수 있다. 그는 김정희의 글씨가 어려서부터 늙을 때까지 여러 번 바뀌었는데, 청나라 연경(현재 중국의 베이징)을 다녀온 후에는 옹방강을 좇아 글씨가 너무 기름지고 획이 두꺼웠다고 했다. 그러나 만년에 제주 귀양살이를 마치고 돌아온 후에는 남에게 구속되고 본뜨는 경향이 아예 없어지고 대가들의 장점을 모아 추사만의 서체를 완성했다고 말했다.

김정희의 인생관이 바뀌고 자신만의 독특한 예술 세계를 완성하는 계기가 된 것은 역시 9년간의 제주도 유배 생활이었음을 박규수를 통해 다시 한번 알 수 있다. 유배 시절이 없었다면 김정희라는 이름은 지금과 같은 명성을 얻지 못했을지도 모른다.

〈계산무진〉 계곡의 거친 물줄기가 느껴진다.

조선판 자가 격리에 처하다

"떠나요 둘이서 모든 걸 훌훌 버리고, 제주도 푸른 밤 그 별 아래, 이제는 더 이상 얽매이긴 우리 싫어요"라는 노래 가사가 있다. 이 노래에서 제주도는 일상에 지치고 사는 게 재미 없을 때 떠나고픈, 여유가 넘치는 곳으로 그려진다. 그러나 조선 시대의 제주도는 농업 기술이 부족한 데다 육지와 멀리 떨어져 있어 사람이 살기에 척박한, 최악의 유배지였다. 제주도 여행을 하다 보면 추사 유적지, 추사 기념관, 추사 유배길 등을 만날 수 있는데, 서울에 살던 김정희가 어째서 제주도에 자신의 흔적을 이리도 깊게 남겨 놓았을까?

"김정희를 제주도 대정현에 위리안치하도록 하라."

위리안치형은 독방 감옥살이나 마찬가지다. 코로나19 대유행으로 인해 시행된 엄격한 자가 격리를 '현대판 위리안치'라고 부르기도 했다던데, 그때도 지금처럼 스마트폰이 있었다면 유배 생활을 잘 버틸 수 있었을까? 언제 풀려날지도 모른 채, 아무것도 없는 좁은 방에 홀로 갇혀 있다고 상상해 보라. 아마 지옥이 따로 없을 것이다.

　　1840년 김정희는 동지부사로 발령이 나 연경에 갈 수 있는 절호의 기회를 얻게 되었지만, 안동 김씨 외척 세력의 정치적 음해로 그 꿈은 산산조각이 났다. 그는 55세의 고령에 여섯 차례나 고문을 당하고 36대의 곤장을 맞은 뒤 제주로 유배된다. 이제 노년에 접어든 나이에 머나먼 제주도로 쫓겨난 그의 심정은 어땠을까? 오지로 유배된 사람들은 사회에서 고립되는 괴로움은 물론이고 언제라도 처형될 수 있다는 불안감에 오히려 죽음보다 더한 고통을 겪었다고 한다.

　　외딴섬에 유배된 김정희는 유일한 의사소통 수단인 편지로 가족과 친구들에게 연락했다. 그는 제주도의 낯선 풍토와 설사·기침·종기·눈병 따위의 잦은 질병으로 많이 고생했다. 친구와 가족에게 보내는 편지에는 그들의 답장을 기다리며 외로움을 호소하는 내용, 음식과 책을 보내 달라는 부탁이 많았다. 귀양 간 첫해에는 한양에 있는 아내에게 밑반찬을 보내 달라는 요구가 잦았는데, 명문가 집안에서 귀공자로 살아 온 김정희는 입에 맞지 않는 제주도의 음식이 아마 가장 견디기 힘들었을 것이다. 아내에게 쓴 편지에는 음식 때문에 애를 먹는 그의 모습이 잘 드러난다.

남편을 살뜰히 보살폈던 아내, 병약했던 예안 이씨는 김정희가 유배된 지 2년 만에 그만 죽고 만다. 그는 부인이 죽은 줄도 모르고 한동안 계속 편지를 보냈다. 부인에 대한 사랑이 깊었던 그는 통곡하며 제문(죽은 사람에 대하여 애도의 뜻을 나타낸 글)을 지었다. 이후 추사는 재혼하지 않고 혼자 살았다.

1843년 봄, 유배지에서 아내의 죽음을 맞이하고 상심 속에 살던 김정희를 친구인 초의스님이 찾아왔다. 그는 김정희가 좋아하는 차茶를 갖고 와서 6개월간 제주도에 머물며 말벗이 되어 주었다. 김정희는 자신이 제일 좋아하던 차를 늘 챙겨 주는 초의가 고마워서, 그가 머무는 해남 대흥사의 암자 일지암을 위해 '일로향실一爐香室'이란 편액을 써주었다. '차 끓이는 화로가 하나 있는 다실'이라는 뜻이다. 그가 쓴 '집 실室' 자의 모양새를 보면 화로가 있는 따뜻한 실내의 온기가 느껴지는 듯하다. 이처럼 김정희는 각각의 공간에 어울리도록 서체를 자유자재로 구사했다. 추사체의 특징이 한껏 드러난 이 현판은 지금도 해남 대흥사 일지암에 걸려 있다.

제주도 작은 집에 갇혀 지낸 김정희의 모습을 상상해 보자. 그는 친구가 가져다준 차를 마시며 자기 내면을 가만히 들여다 보았을 것이다. 어떤 것에도 방해받지 않았기에 오래도록 깊이 집중할 수도 있었을 것이다. 수많은 생각은 하나씩 정리되고, 머릿속은 그 어느 때보다 또렷하고 맑아졌을 것이다. 유배 생활을 통해 그는 혼이 서려 있는 탁월한 서체를 개발했을 뿐 아니라 성숙한 마음가짐 또한 가질 수 있었다.

위리안치형은 죄인이 집 밖으로 나갈 수는 없었지만, 바깥에서 손님이 찾아오는 건 가능했다. 실제로 유배하는 동안 김정희에게 배우고자 하는 사람들이 몰려들었다. 김정희의 유배는 제주도 지식인들에게 지적 자극이 되었다. 그는 제주도 사람들에게 실학이라는 새로운 학문을 소개했고, 하층 계급에 속한 여러 명의 제자까지 두게 된다. 아프고 외로운 귀양살이에서 그는 참으로 열심히 책을 읽고 글씨를 쓰며 학문에 열중했다. 책 읽기를 얼마나 좋아했는지 장서가 수만 권에 이르렀다. 그는 제주도 작은 방 안에 앉아서도 여전히 연경 학계의 새로운 변화를 알 수 있었고, 신간 서적까지 접할 수 있었다. 역설적이게도 유배는 학자들이 부와 권력을 좇는 대신 책을 읽고 학문에 전념할 수 있는 기회를 제공한 셈이다.

〈세한도〉에 담긴 감동 실화

죽은 여인보다 더 불쌍한 여인은 잊혀진 여인입니다.

화가로 유명한 마리 로랑생의 〈잊혀진 여인〉이란 시의 마지막 구절이다. 이처럼 죽는 것보다 사람들에게 잊히는 게 우리를 슬프게 한다. 외딴섬에 유배된 김정희도 사람들에게서 서서히 잊혔을까? 그가 죄인이 되어 귀양 가게 되자 많은 사람이 그에게 등을 돌렸다. 그때 김정희는 세상의 인심이 참으로 냉정하고, 부귀영화가 얼마나 헛된 것인지 절실히 느꼈을 것이다.

그런데 제주도에서 유배 생활을 한 지 4년이 지났을 때였다. 김정희의 집에 100권이 넘는 책이 인편으로 도착한다. 세상 사람들이 다 외면해도 끝까지 그의 곁에 남은 이가 보낸 책이다. 그는 바로 오랜 제자인 이상적이다. 스승이 유배지에서도 독서를 열심히 하고 새로운 학문에 대한 열망이 가득한 것을 이상적은 알고 있었다. 통역관이었던 그는 중국에 갈 때마다 최신 서적을 구해 김정희에게 보내 주었다. 그가 오랫동안 그토록 갖고 싶어 했던 중국 고서 《만학집》과 《대운산방문고》도 보내 주었고, 귀한 서책인 120권 79책짜리 《황조경세문편》도 어렵게 구해서 제주도까지 갖다 주었다.

중죄인으로 귀양 간 사람에게 잘해 주다가는 자신도 죄를 뒤집어쓸 수 있던 시대였다. 그러나 이상적은 스승이 부탁한 책은 어떤 어려움이 있어도 꼭 구해 줄 정도로 정성을 다했다. 세상 사람들이 권력과 이익만을 좇아도 끝까지 의리를 지키며 소신 있게 행동하는 사람이 이상적이었다. 몹시 어려운 상황에 부닥친 사람이 간절히 원하는 게 있는데 누군가 이를 잊지 않고 챙겨 준다면 얼마나 고맙겠는가. 아마 평생 감사하며 살게 될 것이다.

　　1844년 김정희는 제자 이상적에게 고마운 마음을 담아 붓을 들어 그림을 그린다. 늙은 소나무 한 그루, 잣나무 세 그루, 아무도 없는 집 한 채가 있는 황량하기 그지없는 그림이다. 이 그림이 바로 국보 제180호 〈세한도〉다. 그는 왜 감사의 표시로 세한, 즉 '가장 추운 날'을 그린 걸까? 김정희는 〈세한도〉에 "날이 차서 다른 나무들이 시든 뒤에야 소나무가 늘 푸르다는 사실을 알게 된다"라는 글을 쓴다. "추운 계절이 온 뒤에야 소나무와 잣나무가 푸르게 남아 있음을 안다"라는 공자의 명언을 인용한 것이다. 겨울 추위 속 소나무와 잣나무가 지조 있게 서 있는 모습을 담아냄으로써 늙은 소나무 같은 자신 옆에 푸른 잣나무처럼 서 있는 제자에게 고마움을 표현했다. 외롭고 추운 처지가 되고 나서야 알게 된 진정한 의리. 김정희는 시절이 좋을 때나 나쁠 때나 인

〈세한도〉 김정희는 이 그림에 이상적에 대한 고마움을 담았다.

격과 지조를 지킬 것을 다짐한다.

　단순한 풍경이 담긴 〈세한도〉에는 이처럼 감동적인 뒷이야기가 있다. 추사에게 그림을 선물받은 이상적의 기분은 어땠을까? 아마 스승의 마음을 고스란히 느끼며 감동의 눈물을 흘렸을 것이다. 그는 이 그림을 청나라에 가져가 열여섯 명의 청나라 학자에게 선보였다. 그림을 보고 감동한 학자들 모두가 찬사의 글을 남겼고, 이것이 오늘날 〈세한도〉의 가치를 더욱 높여 주었다. 그림의 크기는 폭이 70센티에 길이가 약 23센티인데, 왼쪽에 붙은 발문 길이까지 합하면 무려 14미터가 넘는다. 아마 우리나라에서 가장 긴 그림일 것이다.

떡잎부터 달랐던 조선의 멀티플레이어

김정희는 1786년에 태어났다. 그는 당시 권세를 누리던 경주 김씨 집안에, 영조의 사위였던 김한신의 증손자로 태어난 귀공자였다. 큰아버지 김노영이 자식이 없어 김정희는 큰집의 양자가 되었고, 친아버지는 김노경이다. 김노경은 40세의 늦은 나이에 과거에 급제했음에도 각종 판서(요즘 장관급 직급)와 주요 지방의 감사직을 두루 지냈다.

10대 시절 김정희는 스승인 박제가에게 연경에 대한 무수한 이야기를 들으며 꿈을 키워 나갔다. 스승처럼 넓은 세계에 나가 뛰어난 학자들과 직접 교류하리라 마음먹으며 학문에 매진했다. 박제가는 중국 학자들에게 제자 김정희의 시를 직접 소개하기도 했다.

드디어 때가 왔다. 1809년 24세에 김정희는 자제 군관(고급 외교관이 아들이나 동생, 조카 중 한 명을 데려가 외국 견문을 익히게 하는 제도)이 되어 꿈에 그리던 연경에 갈 기회를 얻었다. 지금이야 누구든 해외에 쉽게 갈 수 있지만 조선 시대에는 오직 허락받은 사신만 나라 밖으로 나갈 수 있었다. 합법적으로 외국에 가려면 사신이나 사신의 수행원이 되어야 했는데, 동지사(조선 시대에 매년 동짓달마다 중국으로 보내던 사신)였던 아버지 김노경의 수행원 자격으로 따라가게 된 것이다.

박제가 덕분에 중국의 학자들은 이미 김정희를 잘 알고 있었다. 그 역시 자기를 환대해 주는 연경이 그리 낯설지 않았다. 당시 최고 학자였던 완원과 옹방강도 만났다. 옹방강은 금석학(금속과 석재에 새겨진 글을 대상으로 언어와 문자를 연구하는 학문)과 경학(사서오경을 연구하는 학문)의 대가였다. 78세의 노인 옹방강과 조선에서 온 젊은 선비인 김정희는 서로 말이 통하지 않아 글을 적어 대화했다. 비록 언어는 달랐지만, 김정희가 쌓은 지식의 방대함은 옹방강을 놀라게 하기에 충분했다. 옹방강은 추사의 박식함과 영민함이 조선 최고라며 칭찬을 아끼지 않았다. 또한 자신이 평생 모은 소동파 관련 자료를 보여 주고 금석학을 공부하는 방법도 전수해 주며 김정희를 제자로 삼았다. 옹방강이 사망할 때까지 두 사람은 8년 이상 편지를 주고받으며 학문을 토론했다.

내로라하는 학자들이 한자리에 모여 조선으로 돌아가는 김정희를 위해 송별회를 열었고, 아쉬운 마음을 이별 시로 지어 선물하기도 했다. 이후 중국 연경의 최고 지식인들은 조선에서 온 사람을 만나면 언제나 김정희의 소식을 물었다. 그는 연경에서 자신의 글씨를 선보이기도 했는데, 거기서도 김정희의 글씨는 인기 만점이었다. 그야말로 200년 전의 한류 스타였던 셈이다.

김정희는 조선에 돌아온 후 자신이 공부해야 할 것은 고증학과 금석학을 바탕으로 한 실사구시의 학문이라고 확신했다.

그는 옹방강의 가르침을 받들어 책으로만 글씨체를 익히지 않고 두 발로 직접 돌아다니며 옛 비석에 새겨진 글씨까지 꼼꼼히 연구했다. 1816년 31세의 추사는 친구 김경연과 함께 북한산 비봉에 올라 비석을 탁본해 68자를 읽어냈다. 추사는 이 비가 신라의 '진흥왕 순수비'라는 새로운 사실을 밝혀내는 업적을 거두었다. 추사가 부지런히 발품을 팔아 직접 탁본을 떠 가며 익힌 수많은 옛 글씨는 이후 추사체의 형성에 큰 밑바탕이 되었다.

이처럼 김정희는 지리 역사학자와 고고학자의 성향이 강했다. 그의 호 '추사秋史'도 '가을 서리처럼 엄정한 금석학자가 되자'라는 의미다. 불교에도 많은 관심을 두고 이론을 통달했는데, 그런 연유로 사찰의 현판에 글을 많이 남겼고, 스님들과도 활발히 교류했다(조선 시대 유학자치곤 매우 드문 일이었다). 그뿐만 아니라 시문·서화의 제작과 감상에도 뛰어났다. 한 마디로 그는 멀티플레이어, 즉 종합예술학자라고 볼 수 있다.

김정희는 자신만의 소신과 지론이 강한 성격이었다. 스스로 옳다고 생각하는 말은 반드시 해야 했기 때문에 미움을 많이 샀다. 암행어사 시절에 안동 김씨 세력의 김우명을 고발해 파직시킨 적이 있는데, 김우명은 이에 앙심을 품고 4년 뒤 김정희의 아버지 김노경을 탄핵한다. 결국 김노경은 귀양을 갔고 3년 후 사망한다.

1840년 병조참판을 지내고 있던 55세의 김정희는 동지부사로 임명되는 감격스러운 순간을 맞이했다. 꿈에도 잊지 못할 연경에 30년 만에 다시 가서 중국의 지성들과 직접 얼굴을 맞댈 수 있게 된 것이다. 그런데 마른하늘에 웬 날벼락이란 말인가? 안동 김씨 세력은 윤상도의 옥 사건을 끌어들여 김정희를 죽이려고 했다. 생명까지 위협받는 상황에서 친구 조인영과 권돈인의 적극적인 변호로 겨우 목숨만 건질 수 있었다. 그는 결국 연경 대신 제주도의 대정현으로 귀양을 가게 된다.

1,000자루의 붓이 몽당붓이 될 때까지

피겨 스케이터 김연아의 발과 발목, 발레리나 강수지의 발가락, 스피드 스케이터 이상화의 발바닥에는 그들의 삶의 자취가 고스란히 담겨 있다. 천재라고 불리는 김정희도 두꺼운 벼루 열 개를 구멍 내고 1,000자루의 붓을 몽당붓으로 만들었다. 그는

 지식 더하기

윤상도의 옥 사건
순조 때 윤상도가 호조판서 박종훈, 어영대장 유상량 등을 탐관오리라고 비난하며 탄핵한 사건이다. 윤상도는 상소문에서 안동 김씨 일족의 비리까지 폭로했다. 이에 안동 김씨 일족이 분노해, 윤상도는 오히려 고문받고 귀양 갔다가 아들과 함께 능지처참당했다. 김정희는 윤상도의 상소문 초안을 맡아준 일로 연루되었다.

봉은사 판전 현판 김정희가 세상을 떠나기 며칠 전, 마지막으로 쓴 글씨라고 알려져
있다.

말년에 아이들을 가르칠 때 "사자는 코끼리와 싸울 때도 온 힘을
다하지만, 토끼를 잡을 때도 온 힘을 다한다"라고 말했다. 사람
들은 그를 타고난 천재라고 말하지만 김정희 자신은 그렇게 생
각하지 않았다.

천재는 99퍼센트의 노력과 1퍼센트의 영감으로 이루어진다
는 에디슨의 그 유명한 명언을 두고 과학자 정재승은 이렇게 말
했다. "99퍼센트의 노력은 당연하고 1퍼센트의 영감이 중요한데,

노력을 엄청 많이 해야 영감이 떠오를 확률이 높아진다. 에디슨은 3,400여 권의 노트를 썼다고 한다. 영감 비슷한 것만 생겨도 계속 적었던 거다." 에디슨에게 3,400권의 발명 노트가 있었다면 김정희에게는 구멍 날 정도로 닳은 벼루 열 개와 몽당붓 1,000자루가 있었다. 그는 타고난 재능에 더해 엄청난 노력파였다. 추사체의 독창성은 끝없는 수련과 연구의 결과인 셈이다.

죽는 그 순간까지 학문과 예술에 대한 김정희의 열정은 식지 않았다. 그의 만년을 지켜 준 것은 공부하는 행복, 제자를 가르치는 즐거움, 그리고 예술에 전념하는 열정이었다. 그중 공부하는 행복이 제일 컸다고 한다. 추사체를 창조해 법고창신(옛것을 본받아 새로운 것을 창조한다)의 경지를 이룬 김정희처럼, 우리는 어떤 분야에서 붓 1,000자루를 닳도록 써 몽당붓으로 만들 것인가. 어떤 서체로 인생을 그리며 살아갈 것인가.

붕당 정치

#조선 중기 정치 #조선판 여야 관계 #사림파

성균관대학교에 있는 영조의 탕평책 관련 비

현대 정치는 정치적 주장이 같은 사람들의 집단, 즉 정당을 중심으로 이루어진다. 조선 시대도 마찬가지로 중기 이후 노론·소론·남인·북인 4대 붕당을 중심으로 붕당 정치가 이루어졌다. 붕당이란 학문적·정치적으로 뜻을 같이하는 사람들의 모임을 말한다.

그렇다면 붕당 간의 싸움, 즉 당파 싸움은 언제 시작되었을까? 16세기 말 선조 대에 '이조전랑'이라는 작은 관직을 두고 다투게 된 것이 그 시작이다. 이조전랑 직급은 5품밖에 안 되지만 삼사(홍문관, 사헌부, 사간원)의 여론을 수렴해 대신들을 견제하고, 또 관직에서 물러날 때는 후임자를 추천할 수 있어서 권력 경쟁의 핵심 자리였다. 선조 때 이조전랑에 김효원이 물망에 올랐는데 심의겸이 반기를 들면서 동인과 서인으로 나뉘었다. 경복궁을 중심으로 김효원은 서울의 동쪽에 거주했기에 동인, 심의겸은 서쪽에 거주했기에 서인이라 불렀다.

나중에 동인은 남인과 북인으로, 서인은 노론과 소론으로 분열된다. 영조가 각 당파에서 인재를 고루 등용하는 탕평책을 시행하기도 했지만 영조의 지지 기반이 노론이었기에 한계가 있었다. 붕당 정치는 분명 장점이 많은 정치 형태지만, 시일이 흐를수록 장점보다는 단점이 두드러지게 나타났다. 합리적인 주장과 백성에게 도움이 되는 정치를 하기보다는 오로지 자기 당의 권력을 지속하기 위해서 상대 당 사람들을 죽음으로 몰아넣는 폐단이 매우 심해진 것이다. 순조가 즉위한 19세기 초엽 이후 붕당 정치 체제는 사실상 막을 내리고, 특정 양반 가문이 권력을 쥐고 독재하는 세도 정치로 변질했다.

6

쓰는 자만이

살아남는다

목민심서

1762~1836

정 약 용

정약용

丁若鏞

내가 정조랑 깐부잖아!

프로필		대표작
출생·사망	1762년~1836년	《목민심서》
고향	경기도 남양주시 마재마을	《흠흠신서》
직업	관리, 실학자, 시인, 저술가	《경세유표》
특이사항	못하는 게 없는 팔방미인	《마과회통》
		〈자찬묘지명〉

관계성

정조 #친구이자_스승 #소울메이트

정약전 #셋째형 #유배메이트

홍혜완 #조강지처 #치마를_보냅니다_기억

하소서

재미로 보는 인물 그래프

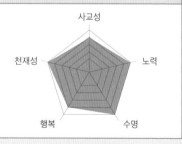

《목민심서》, 배다리, 수원 화성 하면 떠오르는 사람. 역사 학자들이 가장 많이 연구한 사람. 정조 임금조차 아름다운 자태를 가졌다고 말한 사람. 200년 전에 안경을 쓴 이 사람은 바로 다산 정약용이다. 그는 15세에 결혼해 부인과 60년을 함께 살았다. 1836년 2월 22일, 회혼식(혼인한 지 60년이 된 해를 기념하기 위한 행사)을 위해 정약용이 직접 쓴 시 〈회근시〉에는 그의 삶이 농축되어 있다. 그로부터 딱 35년 전, 정약용의 나이 40세에 유배 생활로 생이별을 했던 부부는 거의 환갑이 다 되어서야 재회했다. 유배 시절에 부인이 보내온 치마폭에 시를 써서 돌려보냈던 사랑꾼 정약용! 20년 가까운 긴 세월 동안 혹독한 유배 생활을 했음에도 그는 "슬픔은 짧고 기쁨은 길었다"라고 말했다. 이토록 파란만장했던 삶이 어째서 기쁠 수 있었단 말인가!

1806년 정약용의 아내 홍혜완은 멀리 떨어져 있는 남편을 향한 절절한 그리움의 시를 쓴다. "눈 서리 찬 기운에 수심만 더욱 깊어지고 등불 아래 한 많은 여인은 뒤척이며 잠 못 이루고 그대와 이별 7년, 서로 만날 날 아득하네." 서로 떨어져 산 지 7년째, 언제 풀려날지 모르는 남편을 기다리는 아내의 안타까운 마음을 시에 담았다. 아내는 이 시와 함께 시집올 때 입었던 빛바

랜 다홍치마를 마치 자신의 분신처럼 유배지의 남편에게 보냈다. 치마를 받아 든 정약용의 마음은 어땠을까? 그는 이것을 고이 간직했다가 3년 뒤, 노을빛으로 바랜 치마를 작게 잘라 작은 책으로 만든다. '노을 하^霞', '치마 피^帔' 자를 써서 〈하피첩〉이라고 이름 붙인 뒤, 거기에 두 아들에게 교훈이 될 만한 글을 써서 보냈다.

그 이듬해엔 남은 치마 조각에 매화 가지에 앉은 한 쌍의 새를 그린 〈매화병제도〉라는 그림을 그려 시집간 막내딸에게 보냈다. 이 그림에도 하피첩과 비슷한 내용이 쓰여 있다. 진정 사랑꾼다운 모습이다. 무려 18년간 유배라는 죽음의 문턱에 서 있던 그가, 슬픔은 짧고 즐거움은 길었다고 말할 수 있었던 무한 긍정의 원천은 무엇일까?

호모 라이터스

적자생존! 적는 자만이 살아남는다는 말이다, 원래 이 단어는 여러분이 알다시피 '환경에 적응하는 생물만이 살아남는다' 라는 뜻이지만, 여기서 나는 쓰기의 중요성을 강조하기 위해 의미를 변형해 보았다. 잊지 않으려고 무언가를 기록하는 것은 생존이나 성공에 진정 필수적일까? 여기, 18년간의 유배 기간 동안 치열하게 글을 쓰면서 스스로 살아 있음을 증명한 사람이 있다. 호모 라이터스^{Homo writers}! 다산 정약용이다.

온 집안이 풍비박산되었고, 가족과 멀리 떨어져 있어 도움을 받을 수도 없었다. 유배지의 주민들은 정약용을 차갑게 대해 머물 숙소를 구하기도 쉽지 않았다. 그는 동구 밖 주막집 한구석에 겨우 머물 수 있었다. 그러나 정약용은 스러지지 않았고, 오히려 자신에게 주어진 긴 유배의 시간이 책을 읽고 학문을 닦을 수 있는 좋은 기회라고 스스로 위로했다. 그는 마음을 추슬러 귀양 간 다음 해부터 책을 저술하는 일에서 자신의 길을 찾았다.

'과골삼천'이라는 말은 정약용과 관련된 고사성어인데, 복숭아뼈에 세 번이나 구멍이 날 정도로 책상 앞에 오래 앉아 있었다는 뜻이다. 그가 얼마나 열심히 책을 읽고 저술에 힘썼는지를 알 수 있다. 정약용이 자식들한테 보낸 편지에는 "왼쪽 팔이 마비되어 폐인이 다 되었고, 시력은 아주 형편없이 나빠져 오직 안경에만 의존하고 있다"고 전한다. 그는 또한 "너희들이 배우지 않는다면 나의 저술을 모아서 책을 엮고 교정하며 정리하겠느냐? 내 책이 후세에 전해지지 않는다면 후세 사람들은 단지 사헌부의 옥안(재판에서 조사한 사실을 적은 문서)만 믿고서 나를 평가할 것이 아니냐?"라고 하며 자신의 억울함을 증명해 주는 것이 곧 글쓰기임을 아들들에게 말하고 있다. 글쓰기는 그에게 억울함을 풀어주는 생존 전략이었다.

배우기를 좋아한 정약용은 자식들에게도 책 읽기의 중요성

정약용

을 끊임없이 말했다. 그렇다면 그만의 독서법은 무엇일까? 그것은 바로 독서할 때 읽기만 해서는 안 되고 그때그때 머릿속에 떠오른 의문과 생각을 즉시 기록해 두고, 중요한 구절이 나오면 이를 베껴 쓰는 것이다. 한마디로 '메모하며 읽기'다. 이것이 아까 말한 '적자생존' 전략이다. 유배 18년 동안 500여 권의 책을 쓸 수 있었던 것도 이렇게 뭐든지 글로 남기는 그만의 독서법 때문이었다.

정약용은 모진 유배 기간에 학문을 연마해서 백성과 나라에 관련된 모든 일을 연구했다. 또한 다산초당(정약용이 강진에서 유배 생활하던 18년 중 10년 동안 살던 집)에서 열여덟 명의 제자를 양성해 그들과 함께 책을 만들었다. 제자들이 없었다면 그 많은 책을 혼자 다 쓰기는 아마 어려웠을 것이다. 정약용은 제자들에게 받아쓰기, 정리와 필사, 교정과 대조 등의 역할을 분담했다. 제자들의 특기와 장점을 잘 파악해 각 사람이 가장 잘하는 업무를 맡겼다. 일종의 출판사 편집장 같은 역할을 한 것이다.

정약용의 저술 중 대표작은 《목민심서》 48권이다. 그는 경기도 암행어사 시절과 황해도 곡산부사 시절에 지방 관리의 부패와 그로 인한 백성의 고통을 직접 목격했다. 그뿐만 아니라 유배지에서도 수령과 아전들이 백성을 속여 이익을 탐하는 것을 보았다. 《목민심서》는 관리가 걸어야 할 올바른 길을 안내하는 책이다. 부임하는 순간부터 떠날 때까지 공직자가 해야 할 행정적인 업무에 대해 가르치고, 공공을 위해 청렴하게 일해야 한다는 것을 강조한다. 정약용은 1818년 봄, 유배가 끝나기 바로 직전에 《목민심서》 48권을 마무리했다. 마치 이 책을 쓰려고 유배된 것처럼 말이다.

《흠흠신서》 또한 대단한 책이다. '흠흠'이란 '신중하고 신중하다'라는 뜻이다. 이 책은 한 사람이라도 억울하게 옥사를 치르거나 처벌을 받지 않게 하려고 쓰인 법전이다. 이 책에서 정약용은 목민관(고을의 원이나 수령을 이르던 말)의 과학 수사를 강조하며 철저한 진술 청취, 명쾌한 판단, 신속한 옥사 처리, 뇌물 수수 금지, 고의와 과실의 명확한 구분을 명심하라고 조언했다. 이는 인권을 중시했던 그의 법의식이 책으로 나타난 것이다.

또 '털끝 하나, 머리카락 하나 병들지 않은 것이 없다. 지금 개혁하지 않으면 반드시 나라가 망하고야 말 것이다'라는 절박한 진단과 사대부로서의 사명감으로 쓴 책이 있다. 바로 《경세유표》다. 그는 이 책에 낡은 나라를 새롭게 하려는 생각으로 국가 제도 전반에 대한 개혁안을 담았다. 이 외에도 정약용의 저서는 의학서 《마과회통》과 지리서 《이방강역고》 등 다양한 분야의 지식을 다루고 있다.

그렇다면 과연 그는 한 치의 흔들림이나 괴로움 없이 기계처럼 저술에 매진했을까? 그렇지 않다. 유배된 지 10년째 되었을 때 그는 흑산도에서 마찬가지로 유배 중인 둘째 형 정약전에게 편지를 보낸다. 유배 생활이 참으로 힘들고 마음이 괴롭지만, 글쓰기에 몰두할 수밖에 없는 자신의 애달픈 심정을 형에게 토로한다. 정약전은 정약용에게 있어 친형이자 오직 하나뿐인 지기이면서 동시에 자신의 글에 대한 유일한 비평가였다. 정약전은 벼슬이나 살고 고관대작이나 지냈다면 도저히 불가능했을 저술 작업을, 유배라는 역경 때문에 할 수 있었다고 말하며 동생을 격려했다. 그렇게 애틋하던 두 형제는 나주에서 각자의 유배지로 흩어진 뒤 끝끝내 만나지 못했다.

정약용은 언젠가는 세상에서 의미 있게 쓰이기를 간절히 바라는 마음으로 나라와 백성에게 필요한 책을 썼다. 그는 권력의 한복판에서 추방당했지만 거기서 멈추지 않고 모든 에너지를 학문에 쏟아 더 좋은 세상을 만들고자 했다. 정약용 사상의 훌륭한 점은, 자기 시대의 문제점을 파악했을 뿐 아니라 혁신의 방법까지 제시했다는 점이다. 내용과 분량에서 타의 추종을 불허하는 그의 저서를 보면 잘 알 수 있듯, 다산 정약용은 그야말로 천재 중의 천재였다. 비록 살아 생전에 그 능력으로 출세해서 호화롭게 살진 못했지만, 인생이 가장 꽃필 시기에 보냈던 18년간의 유배 생활은 그의 학문이 집대성되는 기간이었다. 길고 긴 유배 기간은 그에게 큰 고통이었지만, 그 고통의 결과물은 후대에 이르기까지 길이길이 보전되어 지혜와 지식을 전달하고 있으니 참 아이러니가 아닐 수 없다.

정조가 무너졌다, 유배가 시작됐다

정조가 갑작스럽게 승하했다. 1800년, 그토록 개혁을 외쳤던 정조가 49세의 나이에 고질병으로 세상을 떠난 것이다. 정조와 정약용은 떼려야 뗄 수 없는 관계다. 정약용이 없으면 정조도 없고, 정조가 없으면 정약용도 없었을 거라는 평가를 받는 두 사람이다. 정조의 죽음은 정약용에게는 하늘이 무너지는 슬픔이었다.

정조라는 개혁 군주를 만나 자기 뜻을 마음껏 펼칠 수 있었던 실학자 정약용은 왕이 죽자 벼랑 끝에 몰렸다. 정조가 죽은 지 얼마 지나지 않아 노론 세력은 정약용을 체포했다. 천주교를 믿는다는 죄목이었다. 일명 '신유박해' 사건으로, 수많은 사람이 죽임을 당하거나 유배되었다. 그렇다면 정약용은 천주교와 어떤 연관이 있었을까?

당시 천주교의 대표 주자 이승훈, 이벽 등이 모두 정약용과 친척 관계였기 때문에 정약용도 자연스럽게 20대에 천주교를 접했다. 정약용이 속한 당파인 남인 계열에는 천주교와 가까운 사람이 많았다. 정조가 살아 있을 때 정약용은, 처음에 천주교를 호기심에서 접했으나 나중에는 잘못된 것임을 알고 배척했노라고 왕에게 상소문을 올린 적도 있었다.

정조가 죽자 노론과 정순왕후 세력이 천주교도를 탄압했다. 정약용이 쓴 〈자찬묘지명〉에서 짐작할 수 있듯 탄압의 명분은 천주교였지만 당시 집권 세력인 노론 벽파가 종교를 빙자해 반대파를 제거하는 당파 싸움이기도 했다. 정약용은 정조 때 성장한 젊은 남인들을 대표하는 인물이었기 때문에 노론 쪽에서는 반드시 그를 죽임으로써 남인을 뿌리째 뽑고 싶어 했다. 그들은 정약용이 이미 천주교와 결별했음에도 불구하고 그를 죽이려 했다. 결국 셋째 형 정약종은 처형당했고, 정약용은 경상도 장기(포항)로, 둘째 형 정약전은 전라도 신지도(완도)로 유배되었다. 정약종의 시신도 수습하지 못한 채 말이다.

그런데 이것이 끝이 아니었다. 노론 세력은 이미 귀양 가 있던 정약용·정약전 형제를 그해 가을 다시 한번 압송해 고문을 가

🪙 **지식 더하기** ⓧ ━ ⓧ

벽파

벽파는 영조의 계비 정순왕후 김씨의 처가인 외척을 중심으로 한 노론의 일부 세력이다. 정조가 죽고난 후 정순왕후가 수렴청정하면서 신유박해를 일으켜 남인을 제거했고, 벽파가 원내 제1당이 되었다.

하고 죄를 물었다. '황사영 백서 사건' 때문이다. 이 사건은 황사영이라는 사람이 천주교 박해를 막기 위해 외세의 군대를 끌어들이고자 중국에 있는 주교에게 편지를 썼는데, 북경으로 보내기 직전에 발각된 사건이다.

황사영은 정약용의 맏형 정약현의 사위로, 정약용과 가까운 인척이었기에 이 사건은 노론 세력에게 눈엣가시인 정약용 일가를 없앨 절호의 기회였다. 그러나 정약용이 천주교를 믿지 않았다는 증거만 대두될 뿐 그를 없앨 결정적 단서를 찾지 못했다. 게다가 정약용을 향한 백성의 신망이 워낙 두터워 그냥 죽일 수도 없었다. 결국 정약용·정약전 형제는 사형은 면했지만 기약 없는 유배길을 떠나게 되었다.

정약용은 전라도 강진으로, 정약전은 전라도 흑산도로 갔다. 나주에서 각자의 유배지로 갈라져야 하는 마지막 날, 정약용은 날이 밝지 않기를 바라며 한 편의 이별 시를 쓴다. 이제 헤어지면 언제 다시 만날지 모르는 형님과의 마지막 밤이었다.

초가 주막 새벽등 푸르스레 꺼지려 해서

일어나서 샛별 보니 이별할 일 참담하구나

두 눈만 뜬 채 묵묵히 두 입 다 할 말 잃어

애써 목청 다듬건만 나오는 건 오열뿐

흑산도 머나먼 곳 바다뿐인데

형님께서 어찌 그곳으로 가시겠소

그날 밤을 마지막으로 정약용은 다시는 형을 만날 수 없었다. 풍비박산된 집안, 가족을 남겨 놓고 떠난 유배지에서 그는 장장 18년간 홀로 유배 생활을 하게 된다.

우리는 깐부잖아, 정조와 정약용의 만남

정조 대왕과 정약용과의 관계는 요새 유행하는 말로 '깐부'였다. 세계적인 인기를 끈 넷플릭스 드라마 〈오징어 게임〉에서 오일남 할아버지의 대사 "우린 깐부잖아"의 그 깐부 말이다. 깐부는 친한 친구, 인생의 동반자라는 뜻이다. 정조와 정약용은 서로 눈빛만 봐도 뜻을 알 수 있고 온종일 대화해도 시간이 모자란, 정말 잘 통하는 소울메이트였다.

정약용은 진사 시험에 합격했을 때인 22세에 정조와 처음 만났다. 32세의 7년 차 젊은 군주였던 정조는 새로운 조선을 만들기 위해 적극적으로 개혁을 주도한 왕이었다. 정약용은 성균관의 태학생(조선 시대에 성균관에서 기거하며 공부하던 유생)이 되어 6년 동안 공부하다가 마침내 28세에 대과에 수석으로 합격하고, 왕실의 도서관인 규장각 초계문신으로 뽑혔다. 초계문신은 37세이하의 재능 있는 인재를 선발해 규장각에 소속시켜 학문을 연마하게 하는 제도로, 정조가 자신의 세력 기반을 다지려는 목적도 있었다.

정조는 신하들을 직접 가르칠 만큼 학문적으로 뛰어난 왕이었다. 그리고 정조가 신하들에게 과제를 낼 때마다 늘 최고의 성적으로 뽑힌 사람이 정약용이었다. 정조는 젊은 인재 정약용을 깊이 신뢰하고 총애했다. 정조는 조정에서 발간한 여러 책을 정약용에게 선물로 주었고, 더 줄 책이 없을 땐 창덕궁에서 함께 꽃구경하고 술을 마시며 시를 지었다. 두 사람은 자주 만나 학문을 논하는 가깝고도 잘 통하는 사이가 된다. 이후 정약용은 예문관, 사간원, 홍문관, 승정원, 암행어사 등 주로 정조와 가까운 거리에서 근무하면서 파격적으로 승진한다. 남인 세력을 견제하던 노론은 상소를 수없이 올리면서 정약용을 탄핵했다. 이때 정조는 다양한 행정 경험도 쌓게 할 겸 노론의 공격에서 잠시 벗어나게 하려고 정약용을 지방 관리직으로 내려보낸다.

정약용이 황해도 곡산부사로 근무했을 때의 일이다. 농민 이계심이 곡산부의 백성 중 1,000여 명을 이끌고 관아에 쳐들어와 부당한 세금 징수에 강력하게 항의했다. 관청에서는 그를 벌주려고 했으나 정약용은 오히려 이계심을 불러 그의 이야기를 들어보고 정밀하게 조사했다. 그 결과 정약용은 이계심을 무죄

판결했다. 정약용은 "진정한 애민은 백성을 힘으로 억누르는 것이 아니다. 오히려 그들의 목소리를 직접 듣는 것이 백성을 진정으로 위하는 것이다"라고 말했다. 이렇듯 그가 무슨 일이건 맡은 일에 최선을 다할 수 있었던 밑바탕에는 백성을 사랑하는 마음이 굳건히 자리 잡고 있었다.

또한 정약용은 실학자였다. 실학이란 '실생활에 도움이 되는 실용적인 학문'이라는 뜻으로 18세기 조선 후기에 등장한 새로운 학풍이자 사상이다. 실학자들은 백성의 삶에 도움이 되지 않는 성리학을 비판하고 서구의 과학 기술 수용을 강조했다. 정약용은 실용적인 학문을 바탕으로 백성의 삶이 나아지는 세상, 누구나 존중받고 자기 능력을 발휘할 수 있는 사회 건설을 꿈꾸면서 실학적 대도를 끝까지 견지했다. 나아가 그는 '백성이 나라의 근본이다'라는, 오늘날 민주주의와도 맞닿은 진리를 마음에 품는다.

정약용은 실학자로서 정조가 하고자 했던 두 가지 과제를 훌륭하게 해냈다. 첫 번째 과제는 그의 나이 28세, 과거에 합격한 바로 그해에 주어졌다. 그것은 바로 한강에 배다리를 설치하는 것이었다. 배다리란 한강에 다리가 없던 시절에 작은 배들을 나란히 붙여서 띄우고 그 위에 널판을 깔아 건너갈 수 있게 임시로 놓은 다리를 말한다. 정조가 아버지 사도세자의 묘에 가기 위

〈화성원행의궤도〉 정조가 수원으로 행차하는 과정을 그린 그림첩에
배다리의 모습이 잘 나타나 있다.

해 수원에 갈 때면 대규모의 수행단이 한꺼번에 움직였기 때문
에 이들이 모두 배를 타는 것은 어려웠다. 그래서 배다리를 만들
게 된 것이다. 배다리 가설의 감독을 맡은 정약용은 1795년 2월,
약 80척의 배와 뗏목을 잇대고 그 위에 넓은 판자를 깔아 배다
리를 설치했다. 정조의 요구를 백 퍼센트 충족시킨 건설이었다.
2,000명이 넘는 행렬이 한강을 건너는 모습은 그야말로 장관이
었다고 한다.

31세에는 수원 화성을 건설하라는 명을 받는다. 이는 둘레
가 무려 5킬로미터에 달하는 대규모 토목 공사였다. 정약용은 풍

부한 과학 지식을 바탕으로 도르래 원리를 이용한 거중기를 고안해 무거운 돌을 쉽게 나를 수 있게 했다. 그리하여 10년을 예상했던 완공을 2년 반 만에 해 버리는 기적을 일으켰다. 정조는 화성 축성이 끝난 뒤 정약용을 불러 "네가 거중기를 만들어 무려 4만 냥이나 절감하였구나!"라고 하며 극찬했다.

정조가 문제를 제기하면 언제나 해결사로 등장한 정약용, 문신 출신인데도 배다리를 놓고 화성 축조까지 훌륭하게 해낸 조선의 레오나르도 다빈치! 정약용은 건축이나 토목과 같은 기술 교육을 받은 적이 한 번도 없었다. 그러나 스스로 기술에 관한 책을 탐독했고, 기존 성곽들에 대한 조사와 현장 답사를 통해 문제를 파악하면서 현실적인 대안을 모색했다. 그의 탁월한 실력과 노력은 조선의 개혁을 갈망한 정조의 절대적인 신임을 바탕으로 완전히 발휘될 수 있었다.

1800년 6월 12일, 정조는 고향에 가 있던 정약용에게 편지를 보내 곧 만날 수 있기를 바란다며 그를 향한 그리움을 전한다. 그러나 그로부터 얼마 지나지 않은 6월 28일, 끝내 정약용의 얼굴을 다시 보지 못한 채 정조는 49세의 나이로 승하한다. 정약용은 평생의 군주이자 친구이자 스승을 순식간에 잃어버렸다. 탁월한 능력과 뛰어난 지혜를 갖춘 정약용은 정정당당하게 임금을 보필했고, 옳고 그름을 판단해 언제든 '아니오'라고 말하는 기

정약용의 거중기 수원 화성 박물관 입구에 정약용의 거중기 모형이 전시되어 있다.

개가 있었다. 정약용의 정적들은 그의 천재성, 민본주의와 실학에 입각한 개혁 사상의 전파를 두려워했다. 그는 정조의 죽음 이후 세상에서 추방되어 18년간 긴 유배 생활을 한다.

편지는 사랑을 싣고

"이제 너희들은 망한 집안의 자손이다"라고 시작하는 아버지의 편지를 받으면 기분이 어떨까? 자식들에게 이런 편지를 쓸 수밖에 없는, 유배되어 언제 사약을 받을지 모르는 아버지의 비참한 심정은 어땠을까? 정약용은 신유박해로 인해 유배된 1801년부터 고향으로 돌아온 1818년까지, 약 18년의 긴 세월 동안 두 아들이 좌절하지 않고 어떻게 살아야 할지를 편지로 전했다. 아버지 정약용으로 인해 폐족의 신분이 되었을 때 큰아들 학연은 18세, 작은아들 학유는 15세, 막내딸은 이제 8세였다. 휴대폰도 없는 그 시절에 죄인이 되어 멀리 떨어져 있는 아버지가 유일하게 할 수 있는 일은 절절한 심정을 담아 편지를 쓰는 것뿐이었다.

너희들이 집에 책이 없느냐. 몸에 재주가 없느냐. 눈이나 귀에 총명이 없느냐. 왜 스스로 포기하려고 하느냐. 영원히 폐족으로 지낼 작정이냐? 너희 처지가 비록 벼슬길은 막혔어도 성인이 되는 일이야 꺼릴 것이 없지 않으냐?

비록 폐족이 되었지만 자식들이 배움을 멀리하지 않기를 바라는 아버지의 간절한 마음이 담겨 있다. 이런 편지를 받고 어찌 아버지의 뜻을 저버릴 수 있겠는가? 정약용의 귀양살이가 8년째 되던 해인 1809년, 강진읍에서의 생활을 청산하고 다산초당으로 거처를 옮긴 지 한 달쯤 되었을 무렵에 고향에서 작은아들 학유가 아버지를 찾아왔다. 학유의 나이 16세에 헤어지고 나서 23세의 장성한 청년이 된 모습을 본 것이다. 정약용은 그때 심정을 다음과 같이 시로 표현했다.

> 얼굴 모습이야 내 아들 같건만
>
> 수염이 자라선지 딴 사람 같네
>
> 비록 아내 편지까지 가져왔지만
>
> 정말로 진짜인지 판별 못 하네

짧은 시 속에 아들이 커가는 과정을 곁에서 지켜보지 못한 아버지의 애통함이 느껴진다. 유배는 이렇게 자식도 쉽게 만나지 못하게 하는 서럽고도 서러운 일이었다. 정약용은 자식들에게 과수원이나 채소밭을 열심히 가꾸고, 생계를 위해 뽕나무를 365그루 심어서 양잠(뽕나무를 기르고 누에를 사육해서 비단실을 생산하는 일)을 하라고 조언한다. 그의 편지 중에 아들들에게 물려줄 것이 '근검'이라는 두 글자의 정신적인 부적뿐이라고 말한 내용이 이를 뒷받침한다. 정약용이 위대한 스승으로 존경했던 성호 이익 선생이 평생 소박하고 검소한 삶을 산 것처럼, 유배인의 처지가 되어 생계가 막막해진 그에겐 어느 때보다도 '근검'의 정신

정약용

이 더 절실하게 다가왔을 것이다.

　이러하니 둘째 아들 학유가 닭을 기른다는 말을 듣고 그렇게 기뻐한 것이다. 자기가 그토록 강조한 근검을 아들이 잘 실천하고 있으니 어찌 아버지로서 기쁘지 않겠는가. 닭을 기르는 방법을 구체적으로 알려주는 모습에서 그의 실학자다운 면모가 잘 드러난다. 편지에는 닭의 색깔과 품종을 달리해 길러도 보고, 닭의 보금자리와 횃대를 다르게 해 보기도 하며 이왕 닭을 기르거면 연구하고 품종을 개량해 다른 집의 닭보다 더 살찌고 번식할 수 있도록 해 보라고 권유한다. 심지어 닭 기르는 마음을 시로 지어 읊어 보라고까지 한다. 아들에게 이렇게 조언한 이유는 아마 본인이 그렇게 하기 때문일 것이다. 정약용이 남다른 성과를 낼 수 있었던 비결이 바로 이토록 치밀한 과학적 사고가 아니었을까?

　정약용은 18세기를 풍자한 박지원의 소설 《양반전》에 나오는, 손 하나 까딱하지 않고 허례허식 하는 양반을 박지원 못지않게 몹시 싫어했다. 그는 여느 양반과는 다르게 유배지에서 손수 농사를 지었다. 비탈에 아홉 단의 돌계단을 쌓고 층마다 무, 부추, 파, 쑥갓, 가지, 아욱, 상추, 토란 등 갖가지 채소를 심었다. 연못을 넓게 파고 산 위 샘물을 홈통으로 이어서 끌어왔으며, 대나무와 버드나무를 울타리 대신 둘렀다. 산속의 황량하던 별채에 생기를 불어넣은 것이다. 아들에게 보낸 편지는 매우 구체적이어서, 그가 얼마나 농사를 중시했는지 알 수 있다. 실제로 농사를 지어 보지 않은 사람은 알 수 없는 수준의 정보로 가득하다. 이러한 경험이 있기에 그가 쓴 책들은 무척 실용적이다.

정약용은 흑산도로 귀양 간 형에게도 자주 편지를 썼다. 약전 역시 유배지 흑산도에서 《자산어보》를 쓸 때 동생의 충고를 받았다고 한다. 두 사람 사이의 거리가 수백 리인지라 편지로 문안을 주고받았다. 서로의 학문을 지지하고 도움을 주려 했던 마음이 담긴 편지글에는 애틋함이 느껴진다.

책을 저술하는 한 가지 일은 절대로 소홀히 해서는 안 되니 반드시 십분 유의하심이 어떻겠습니까. 《해족도설》은 무척 기이한 책으로 이것은 또 하찮게 여길 일이 아닙니다. 도형은 어떻게 하시렵니까. 글로 쓰는 것이 그림을 그려 색칠하는 것보다 나을 것입니다. 학문의 종지(주제)에 대해 먼저 그 대강을 정한 뒤 책을 저술해야 유용하게 될 것입니다.

《자산어보》가 탄생한 일화이기도 하다. 정약전은 처음에는 그림으로 된 책 《해족도설》을 구상했는데, 동생의 충고로 포기하고 문자만으로 이루어진 《자산어보》를 쓰게 되었다. 먼저 주제를 정한 후에 책을 저술해야 유용하게 될 것이라는 말도 하고 있다. 정약용 또한 형에게 《목민심서》에 대한 의견을 묻기도 하면서 서로를 학문적 멘토로 삼았다.

100년 후를 기다리겠노라

사람들은 정약용을 두고 불행하게 살다 간 사람이라고 말한다. 그는 인생의 4분의 1을 유배지에서 살았다. 40세에 유배지가 아닌 관직에 있었다면 넓은 학식과 기량으로 한껏 뜻을 펼칠 수도 있었을 것이다. 그러나 그 황금 같은 시기에 권력층의 관심을 받지 못한 수백 권의 저서만 덩그러니 남았으니! 과연 그의 삶은 보이는 것처럼 불행하기만 했을까? 1816년 아버지의 해배를 위해 권세가들을 찾아다니며 분투하고 있다는 아들의 편지를 받은 정약용은 이렇게 대답한다.

> "내가 귀양이 풀려 돌아가느냐 못 돌아가느냐 하는 일은 참으로 큰일은 큰일이나, 죽고 사는 일에 비하면 극히 같다란(하찮은) 일이다. (중략) 내가 살아서 고향 땅을 밟는 것도 운명이고, 고향 땅을 밟지 못하는 것도 운명이다."

이 편지는 해배되기 2년 전에 쓴 것이니 유배 생활 16년이 되던 때다. 16년이나 지났는데 해배될 기미가 보이지 않으니 조정에서 자신의 존재를 아예 잊은 건지, 평생 유배나 하다가 죽게 되는 건 아닌지 고민이 깊었을 것이다. 그러나 정약용은 해배되는 일은 운명에 맡기고, 억울한 인생과 화해하는 태도를 보인다. 청렴을 그토록 중시하던 사람이었으니 권력에 기대어 유배를 마치는 일은 아마 원하지 않았을 것이다.

1818년 정약용은 드디어 유배에서 풀려난다. 그해에 마침 《목민심서》 집필도 끝났다. 참고 견디며 학문하고자 하는 뜻을 세워 책을 쓰다 보니 어느새 유배가 끝난 것이다. 고난을 겪는다고 해서 다 좋은 결과를 얻는 것은 아니다. 고난에 치여도 무너지지 않고 위기를 기회로 바꾼 사람만이 그 결과물을 얻는다. 정약용의 정신력은 대단했다. 모든 걸 잃고 바닥에서 다시 시작했기 때문에 백성의 고통을 볼 수 있었고 이를 바탕으로 《목민심서》, 《흠흠신서》 등 관리가 걸어야 할 올바른 길에 관한 책을 쓸 수 있었다. 무려 18년간의 유배 생활. 억울하고 암울한 시기에 그는 후대에 전할 자신의 사상과 가치를 글로 정리해 긍정적 자산을 남겼다.

그러나 당시에는 그의 학문을 알아주는 사람이 드물었다. 가장 이상적인 통치의 모든 항목을 다 정리했건만 세상은 무응답이었다. 정약용은 자신이 저술한 책에 대해 "알아주는 사람은 적고 꾸짖는 자는 많으니 만약 1,000명이 인정해 주지 않는다면 횃불로 태워 버려도 좋다. 100세 후를 기다리겠다"라는 글을 남겼다. 정약용의 예언대로 사후 100년이 지나자 그가 남긴 저술의 가치를 알아보는 이들이 생겼다. 1938년 정약용의 5대손 정향진과 정인보 등의 노력으로 《여유당전서》가 발간되어 본격적인 정약용 연구가 시작됐다.

58세에 유배에서 풀려난 정약용은 꿈에 그리던 고향에 돌아왔다. 그리고 60세 이후로는 더 이상 책을 쓰지 않고 느긋한 여생을 보냈다. 한강 물길을 따라 배를 타고 고기를 잡거나 이미 세상을 떠난 이가환, 정약전 등의 묘지명을 지었다. 그는 고향에서 아내와 함께 17년을 더 살다가 회혼일(결혼 60주년 기념일) 아침에 세상을 떠났다. 그의 나이 75살이었다. 노후에 이처럼 여유로운 시간이 있었기 때문에 직접 쓴 회혼식 시에서 자신의 인생에 대해 이렇게 말할 수 있었으리라. "슬픔은 짧고 기쁨은 길었다."

2012년 유네스코는 정약용을 '세계문화인물'로 선정했다. 유네스코 세계문화인물로 우리나라 위인이 선정된 것은 정약용이 처음이다. 그는 먼 훗날이라도 정직한 세상, 썩지 않고 깨끗하며 바르고 정당한 세상이 오기를 간절히 바라는 마음으로 책을 썼다. 백성의 권리를 옹호하고 그들에게 자유와 행복이 오도록 노력한 다산 정약용! 그의 선구자적 개혁 의식은 오늘날에도 필요하다. 유배지에서 절망에만 빠져 있지 않고 백성을 사랑하는 마음으로 남긴 책들은 우리 역사를 진보하게 하는 원동력이 되었다. 자신을 사랑하고, 가족을 사랑하고, 나라를 사랑한 진정한 사랑꾼! 이렇게 삶을 사랑하며 불꽃처럼 살다 간 정약용을 누가 감히 불행하다고 하겠는가?

신유박해와 황사영 백서 사건

#천주교 박해 #노론 #당파 싸움

1801년에 일어난 신유박해는 조선 조정이 천주교인들에게 가한 대규모 박해 사건이다. 사실 이 박해의 정치적 배경에 정조의 죽음이 있다. 1800년에 정조가 승하하고 순조가 겨우 11세의 나이로 즉위하면서 순조의 할머니 정순왕후의 수렴청정이 시작된다. 정순왕후는 노론 세력의 중심이었다. 노론 세력이 천주교를 없애겠다는 것은 빌미일 뿐이고, 최우선 목표는 정조 때 유력하게 성장한 남인을 숙청하려는 의도였다. 특히 정조의 총애를 받던 남인 이가환, 권철신, 정약용 이 세 사람은 반드시 제거해야 할 대상이었다. 결국 정약종을 비롯한 여섯 명이 참수되고 정약용과 정약전은 경상도와 전라도로 각각 유배된다.

　신유박해는 황사영이 체포되면서 새로운 국면에 접어든다. 황사영은 정약현(정약용의 맏형)의 맏딸인 정난주와 혼인을 하면서 천주교를 접했다. 신유박해로 중국인 주문모 신부가 순교하자 황사영은 충북 제천으로 피신해 이른바 '황사영 백서'를 작성한다. 북경의 구베아 주교에게 보내려고 한 백서의 주요 내용은 신유박해의 전말과 그에 대한 대응책으로써 서양인 선교사 파견, 조선의 청나라 편입, 서양의 군대 출병 등 조선 정부에 반역하는

DE PÉKIN

로마 교황청 민속 박물관에 보관된 황사영 백서 일부

내용들을 담고 있었다.

결국 황사영은 체포되고 백서도 압수된다. 이후 그는 역모를 꾀한 대역 죄인이 되어 스물일곱 살의 나이에 능지처참이라는 극형에 처한다. 같은 날 황사영이 조카사위인 정약용과 정약전은 다시 강진과 흑산도로 이배된다. 황사영 백서 사건 이후 조정에서는 천주교인을 더욱 심하게 탄압했다. 천주교와 서양 학문을 모두 배척한 결과로 서양 문물을 알지 못하게 됨에 따라 조선의 근대화가 늦어진 면이 있다.

7

그림만이 나를

매화서옥도

자유롭게 하리라

1789~1866

조 희 룡

조희룡

趙熙龍

내가 바로
조선의 매화 장인!

프로필		대표작

프로필

출생·사망	1789년~1866년
고향	서울시 노원구 월계동
직업	문인화가, 시인
특이사항	19세기 대표적 여항 시인

대표작

그림

〈매화서옥도〉〈홍백매화도〉

〈홍매도대련〉〈매화팔곡병〉

저서

《석우망년록》《호산외기》

관계성

김정희 #스승 #인정_못해

나기 #친구 #병풍_그림을_그려줘

벽오사 친구들 #편지_자주_보내_줄게

재미로 보는 인물 그래프

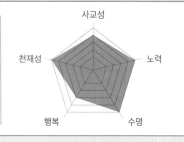

해마다 벚꽃이 필 때 거리를 걷다 보면 꼭 듣게 되는 노래가 있다. 아마 다들 알 것이다. 꽤 오래전에 나온 노래지만 아직도 매년 봄만 되면 여기저기에서 울려 퍼진다. 사랑하는 연인과 흩날리는 벚꽃 길을 함께 걷고 싶은 낭만이 잔뜩 묻어나는 이 노래를 듣고 있자면 왠지 가슴이 설렌다.

'매화꽃 피는 숲속, 책이 가득한 집'이라는 뜻의 〈매화서옥도〉를 보고 있으면 〈벚꽃엔딩〉 노래 가사에서 '벚꽃' 대신 '매화꽃'을 넣은 풍경을 그려 보게 된다. 참으로 잘 어울린다! 이 그림을 보면 매화가 흐드러지게 피어 있는 숲속에 작은 집이 있다. 그 집 창문을 들여다보면 한 선비가 앉아 있는 모습이 보인다. 선비는 화병에 꽂아 둔 매화를 바라보고 있다. 밖이 온통 매화 천지인데, 방 안에도 매화를 두어 눈길을 주고 그 향기를 맡는 매화 덕후인 이 선비는 누구인가?

그는 바로 매화를 잘 그리기로 유명한 조선 후기 화가 조희룡이다. 조희룡이 남긴 수많은 기록을 통해 그가 얼마나 매화를 좋아했는지 알 수 있기 때문이다. 그러니 매화가 한창인 봄날, 그는 매화의 아름다움을 만끽하는 선비의 마음까지 화폭에 담을 수밖에 없었을 것이다.

〈매화서옥도〉

조선의 모든 매화 그림을 통틀어 가장 으뜸으로 꼽는 작품이다.

조희룡의 〈매화서옥도〉는 조선의 매화 그림 중 단연 걸작이라고 일컬어지는 그의 대표작이다. 단정한 멋이 돋보이는 기존의 매화 그림들과 달리 조희룡의 매화는 화려하고 풍성하다. 붓질도 거칠고 자유로우면서 동적인 느낌이 강하다. 조희룡은 매화를 통해 조선 후기 문인화(전문 화가가 아닌 시인, 학자 등 사대부 계층의 사람들이 여가로 그린 그림을 이르는 말)의 새로운 장을 열었다. 그는 추사 김정희의 제자이기도 하다. 그가 글씨를 쓰면 김정희가 썼는지 조희룡이 썼는지조차 모를 정도로 달필이었다. 이렇듯 조희룡은 글씨와 그림, 시에도 능한 시서화 삼절이었는데, 그중에서도 그림을 제일 잘 그렸다. 〈매화서옥도〉처럼 매혹적인 그림을 그린 화가 우봉 조희룡은 어떠한 삶을 살았을까?

그림은 내 영혼의 탈출구

전남 신안군 임자도 이흑암리라는 섬마을에 가면 붉은색의 매화꽃이 담벼락 여기저기에 그려져 있다. 왜 이 마을 담벼락에는 하필 홍매(붉은 매화꽃)가 피어 있을까? 그것은 바로 이곳이 홍매도를 즐겨 그렸던 조선 후기의 화가 조희룡의 유배지였기 때문이다. 외딴섬은 서울과의 거리도 멀고 육지와 차단되어 있어서 유배인의 탈출을 막을 수 있는 최적의 유배지였다. 워낙 변두리다 보니 그 지역 주민들이 살기에도 생활 여건이 열악하다. 그는 왜 이런 곳에 양반도 아닌 중인의 신분으로 유배를 온 걸까? 조희룡은 1851년 예송 논쟁에 관련된 인물인 김정희의 최측근이라는 이유로 이곳에 3년간 유배된다. 이때 김정희도 함경도 북청으로 유배되었다. 조희룡은 김정희의 제자로서 스승을 깍듯이 모시긴 했지만, 중인의 신분이었기에 큰일을 직접 도모할 만큼 중요한 위치에 있지는 않았다. 그는 단지 김정희와 가까운 사이라는 이유만으로 억울하게 유배된 것이다. 심지어 김정희는 1년만 있다가 돌아왔는데 조희룡은 무려 3년이나 유배 생활을 했다.

파리와 모기가 비 오듯 몰려들어 임자도에서 도저히 살 수 없다는 조희룡! 태어나서 63세까지 수도 한양에서만 살아온 그에게 임자도에서의 생활은 적막하고 불편하기 그지없었다. 친구들과 주고받은 편지에는 "나의 객지 상황은 썩어빠진 밥과 같아 어느 것이 기장 맛인지, 어느 것이 보리 맛인지 알지 못한다. 알 수 있는 한 가지 맛이라고는 더러운 냄새가 사람들의 코를 가리게 하는 것뿐이다. 나는 날마다 바닷가에 가서 물을 구경한다. 나의 사정은 이 막다른 지점에 이르러서 어찌 울지 않고 견딜 수 있겠는가?"라고 하면서 극심한 괴로움을 토로했다. 또한 "이 외로운 섬에서 친구들이 보내는 편지만이 나의 눈빛을 횃불같이 빛나게 한다"라고 말했다.

그러나 조희룡은 차츰 임자도 생활에 적응했다. 그는 바닷가에 자리한 자신의 오두막집을 침실, 부엌, 화실 세 부분으로 나누었다. 그리고 '갈매기로부터 그림 그리는 뜻을 얻는 집'이라 하여 '화구암'이라고 이름 짓고 그림을 그리기 시작했다. 그림은 섬에서 무료한 시간을 달래는 유일한 방법이었다. 그림에 몰두하다 보면 온갖 걱정과 잡념이 사라지고 자기도 모르게 흡족한 마음이 들었다. 그에게 그림을 그리는 일이란 걱정을 잊게 하고 삶을 견디게 하는 힘이었다.

이제껏 한 번도 접해보지 못한 섬의 아름다운 풍경들은 조희룡의 시상을 넓혀 주고 그림 소재를 다채롭게 해주었다. 그는 자연의 모든 것에서 그림을 발견했다. 한겨울 외딴섬 바닷가에 눈보라 치는 기이하고 아름다운 풍경을 바라보면서 자연이 그려낸 그림에 감탄했다. 열흘에 물줄기 하나, 닷새에 돌멩이 하나 그렸을 정도로 신중하게 그림을 그렸다는 조희룡의 모습이 그의 자작시에 잘 드러난다.

바닷가 외딴 곳 눈보라 치는 속에,

두 사람 마주하여 그림을 이야기하네

하늘은 검은데 땅은 희어 둘 다 기이하니,

누가 알리 창망 중에 그림의 뜻 갖추었음을 (중략)

열흘에 물 하나, 닷새에 돌 하나,

가벼이 그리지 않으니 생각만 도리어 외롭네

― 〈해악암〉33 중에서

조희룡은 임자도 용난굴에서 승천하는 용을 봤다는 마을 주민들의 목격담을 듣고 용이 꿈틀거리는 듯한 독특한 모습의 매화 줄기를 그렸다. 그가 그린 〈홍백매화도〉를 보면 줄기 모양이 거칠고, 용이 힘차게 승천하는 모양새다. 조희룡은 유배지 임자도에서의 답답한 마음을 자유분방한 붓질로 표현했다. 임자도 풍경에서 받은 영향으로 인해 그의 그림은 더욱더 개성 있고 풍성해졌다.

유배 중이던 어느 날 친구 나기가 조희룡에게 매화 병풍을 하나 그려 달라고 부탁했다. 조희룡은 기뻐하며 병풍 8폭에 매화 한 그루를 가득 채운 〈매화팔곡병〉이라는 그림을 그려 주었다. 그는 매화를 사랑했던 만큼 임자도에서도 매화를 많이 그렸다. 만나는 섬마을 사람마다 매화 그림을 나눠줬을 정도로 말이다. 30여 개가 넘는 그의 매화 그림 중 열아홉 개를 임자도에서 그렸다. 그는 남들이 잘 그리지 않는 붉은 매화를 그렸고, 매화 줄기는 힘차고 거친 용의 모습을 표현하여 자신만의 그림 세계를 구축했다. 그림을 그리는 순간만큼은 갑갑한 유배 생활에서 벗어

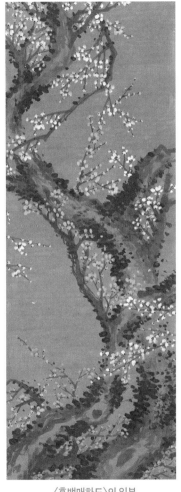

〈홍백매화도〉의 일부

조희룡은 붉은 매화를 주로 그렸다.

나 자기 자신을 찾는 시간이었을 것이다.

또한 조희룡은 유배 중에 왕성한 저술 활동을 했다. 유배 일기인 《화구암난묵》과 유배 시집인 《우해악암고》, 유배지 서간 문집(편지글로 이루어진 문집)인 《수경재해외적독》 등을 썼다. 자서전적 회고록인 《석우망년록》과 당시 중인 계층 출신 중 학문, 문장, 서화 등에 뛰어난 사람들의 행적을 기록한 《호산외기》 등을 저술해 19세기 회화사와 문화계 전반 연구에 귀중한 자료를 남겼다. 외로운 섬에서의 유배 생활은 삶을 기록하는 시간이 되었고, 예술 세계를 더욱 무르익게 했으며, 영혼을 자유롭게 만들었다. 1853년 조희룡은 해배의 명을 받고 한양으로 향할 때 임자도에서의 생활을 시원섭섭해 하며 다음과 같은 시를 남겼다.

햇살 따사롭고 산들바람 부는 옛 나루터
잔잔한 봄 물결 기름보다 푸르다
석양은 끝없이 지금이 좋으니
어찌 지나간 시절 근심으로 아파하리

예술의 경지에 오른 매화 덕후

"사과 그림으로 파리를 놀라게 하겠다"라고 하며 40년 동안 사과를 그린 프랑스의 유명한 화가가 있다. 바로 폴 세잔

폴 세잔의 〈사과와 오렌지〉 세잔의 독창적인 방식은 이후 현대 미술에 큰 영향을 끼쳤다.

(1839~1906)이다. 세잔은 생전에 주류 미술계에서 인정받지 못했지만, 끝까지 그림을 포기하지 않았다. 그가 사과를 그린 이유는 다른 사물에 비해 구하기 쉽고, 잘 썩지 않아 오래 관찰하면서 습작할 수 있었기 때문이다. 그런데 그의 사과 그림은 도대체왜 위대한 걸까? 세잔이 60세에 그린 〈사과와 오렌지〉를 보자. 그는 전통적인 원근법이나 시선의 높낮이 등을 무시하고 사과를 위, 앞, 옆 각각의 시점에서 본 모습을 한 화면 안에 그려 넣었다. 40년을 사과에 매달린 결과 자기만의 스타일이 탄생한 것이

다. 이를 본 피카소는 "나의 유일한 스승, 세잔은 우리 모두의 아버지다"라고 말하며 세잔 그림의 독창성을 칭송했다.

세잔이 사과로 세상을 놀라게 한 것처럼 조희룡도 '매화'로 세상을 놀라게 했다. 그도 세잔처럼 자신이 보고 느낀 매화를 평생 그렸다. 세잔이 사과를 그린 이유가 구하기 쉬워서였다면, 조희룡이 매화를 그린 이유는 너무 좋아했기 때문이다. 그래서 조희룡은 매화광, 매화 마니아, 매화 덕후라고 불린다. 그가 얼마나 매화를 좋아했냐면, 침실에 직접 그린 매화 병풍을 두르고 매화차를 달여 마셨다. 또 매화에 관한 시가 새겨진 벼루에 '매화서옥장연'이라는 먹을 갈아서 매화 그림을 그렸다. 그뿐만 아니라 자신의 거처를 '매화백영루'라고 이름 짓고 자신의 호는 매화 늙은이라는 뜻의 '매수'라고 했다. 한마디로 매화 홀릭, 매화에 미친 사람이다.

키가 크고 야윈 몸을 가진 조희룡은 건강해 보이지 않는다는 이유로 14세 때 혼담에서 퇴짜를 맞은 적도 있다. 그런 그가 60세에 아내와 동생을 잃고 3년간 유배되는 고초까지 겪었지만, 78세까지 장수했다. 그는 매화의 맑은 기운이 장수의 비결이라고 말했다. 매화는 추위를 견디고 가장 먼저 봄을 알리는 꽃으로써 선비의 절개와 기상, 인내의 삶을 상징한다. 그래서 선비들이 매화를 문인화의 소재로 많이 그렸다. 조희룡은 매화에 빠져 평생 매화를 그리다 보니 오래 살게 되었다고 한다. 매화를 사랑하면서 매화의 좋은 점을 닮아간 걸까? 우리도 무언가를 깊이 사랑하다 보면 즐거움이 충만해 건강하게 오래오래 살 것이다.

조희룡은 매화를 열렬히 사랑했기 때문에 세심하게 관찰해 다양한 버전의 매화도를 그렸다. 18세기까지만 해도 일반적인 매화 그림은 선비의 고결함을 상징하기 위해 꽃잎을 적게 그렸다. 그러나 조희룡의 매화도는 완전히 다른 스타일이다. 그는 최초로 붉은색의 매화를 그렸으며, 수천 송이로 만발한 매화의 풍경을 화폭에 담았다. 그가 그린 매화나무의 줄기는 마치 날아오르는 용의 모습과도 같다. 오랜 전통을 깨고 자기만의 매력적인 매화를 탄생시킨 것이다. 사람들은 그가 그린 매화도를 보면 "이건 조희룡의 매화다"라고 말할 수 있었다. 그는 19세기 매화도의 새로운 흐름을 이끌었다.

그의 대표작인 〈홍매도대련〉은 전통적인 매화도와는 전혀 다른 창조적인 면이 돋보인다. 이 그림은 두 폭으로 매화를 마주 보게 그린 구도가 매우 특징적이다. 매화 줄기가 용트림하듯 꿈틀거리며 올라가는 모습과 화폭을 가득 채우는 파격적인 구도도 눈에 띈다. 무엇보다 화려하고 풍성한 붉은 꽃송이들이 시선을 사로잡는다. 매화 덕후인 조희룡은 홍매의 아름다움을 화폭에 담지 않고는 못 배겼을 것이다. 이 작품은 60대 초반에 임자

〈홍매도대련〉

용이 승천하듯 굵고 힘찬 줄기가 특징이다.

도에서 그린 것이다. 그는 유배지에서의 답답한 심정을 이토록 멋진 그림을 그리면서 해소했고, 동시에 그의 독창적인 예술 세계는 무르익어 갔다. 이후 후배 화가들도 조희룡의 영향을 받아 홍매의 화려하고 풍성한 꽃잎을 그리기 시작했다.

매화광이 되어 늘 매화를 그리다 보니 조희룡은 남들이 보지 못한 매화의 아름다움을 발견할 수 있었다. 그래서 아무도 시도하지 않은 화려한 매화를 그리며 예술의 새로운 경지를 열었다. 그의 예술은 세상을 등진 곳, 유배지 임자도에서 더욱 활발하고 깊어졌다.

추사 김정희와 헤어지는 중입니다

김정희는 조희룡에게 큰 영향을 끼친 스승이다. 조희룡의 글씨는 언뜻 봐서는 구분하기 힘들 정도로 김정희의 것과 비슷했다. 그가 시와 글씨, 그림에 모두 뛰어난 것도 스승과 닮은 점이다. 1789년 한양에서 태어난 조희룡은 평양 조씨 명문가의 후손이었지만 조선 후기에 중인층으로 전락한 여항인이었다. 비록 중인이었지만 사대부인 김정희가 유배당할 때 같이 유배될 정도였으니 어느 정도 영향력을 인정받는 인물이었을 것이다.

하지만 김정희가 제주도에서 아들에게 보낸 편지를 보면 제자인 조희룡을 못마땅하게 여기는 내용이 있다. "조희룡 같은 무

여항인

여항인은 상인층과 더불어 하급 관리가 대부분이었다. 하급 관리들은 주로 권세가의 시중드는 일을 하면서 상당한 부를 축적할 수 있었다. 그들은 축적된 부를 기반으로 사대부와 같은 시간적 여유를 누렸고, 이를 통해 여항 문화를 형성했다.

리가 나에게서 난초 치는 법을 배웠으나 끝내 그림 그리는 법을 제대로 익히지 못했으니, 이는 가슴속에 문자의 향기가 없기 때문이다"라고 말했다. 조희룡이 난초 치기를 그림 그리듯 했기에, 그의 가슴에는 문자향이 없다며 낮춰 평가한 것이다. 문인화는 선비들의 취미였기 때문에 '문자향 서권기(문자의 향기와 서책의 기운으로, 책을 많이 읽고 틈틈이 교양을 쌓으면 몸에서 책의 기운이 풍기고 향기가 난다는 뜻)'가 강조되었다. 김성희는 가슴속에 1만 권의 책이 쌓여야 비로소 그림에 문자향과 서권기가 드러난다고 생각했다. 그의 주장에는 글을 많이 배운 양반 사대부만이 품격 있는 문인화를 그릴 수 있다는 엘리트적 사고가 깃들어 있다. 중인 신분인 조희룡이 이 말을 들었을 때 어떤 심정이었을까? 이에 대해 그는 유배 후 1863년에 예술적 삶을 회고하며 쓴 《석우망년록》에서 다음과 같이 자신의 예술관을 설명했다.

글씨와 그림은 모두 손재주다. 재주가 없으면 비록 총명한 사람이

종신토록 배워도 잘할 수 없다. 그러므로 손끝에 있는 것이지 가슴에 있는 것은 아니다.

– 《석우망년록》 중에서

글씨와 그림은 타고난 손재주가 있어야 한다는 것이 그의 생각으로, 김정희와 상반된다. 문자의 향기와 독서의 기운이 가득한 사람일지라도 타고난 재주가 없다면 아무리 배워도 잘할 수 없다는 것이다. 거기다 매일 그림을 그리는 엄청난 노력을 동반해야 진정한 문인 화가가 될 수 있다는 것이 조희룡의 생각이었다. 화가로서의 면모가 잘 드러난 생각으로, 당시 어떤 문인도 내세우지 않았던 매우 독창적인 예술관이다. 그는 김정희의 영향을 받은 제자였지만 거기서 머물지 않고 자기만의 길을 개척했다.

조희룡은 김정희, 권돈인 같은 사대부와도 학문적으로 교류했지만 중인 신분이었기 때문에 주로 만나던 사람들도 중인이었다. 그는 중인들의 문학 동호회 격인 '벽오사'의 중심인물이었다. 당시 중인 계층이었던 의사, 역관, 화원들과 함께 시를 쓰고 그림을 그리며 서로의 작품을 놓고 토론했다. 그뿐만 아니라 그가 임자도에 유배되자 벽오사 친구들은 수시로 편지를 보내 조희룡의 외로움을 달래고 큰 힘이 되어 주었다.

벽오사 활동을 하면서 조희룡은 중인들의 예술적 경지도 양반 사대부들과 다를 바 없다는 것을 알게 되었다. 그는 다양한 직업을 가진 중인 42명의 삶과 예술을 기록한 《호산외기》를 저술했다. 그가 이 책을 만든 이유는 뛰어난 재주를 지녔음에도 중인이라는 신분 때문에 그들의 삶이 기록되지 않고 사라질까 봐 안타까운 마음에서였다. 그가 같은 중인 계급의 예술 활동을 아끼고, 신분적 한계를 예술로나마 뛰어넘고자 노력한 점을 높이 살 만하다.

조희룡이 중인이라는 신분에서 느꼈던 불평등과 한계, 그리고 60대 초반에 겪은 유배라는 사건은 전통과는 다른 예술관을 형성하게 했다. 그는 사대부의 취미였던 문인화를 전문적인 예술 분야로 독립시켰다. 또한 교과서적으로 절제된 문인화가 아니라 타고난 손재주와 끊임없는 노력으로 화가의 개성과 독창성이 나타나는 그림을 강조했다. 19세기 시대적인 변화와 함께 조희룡 역시 근대 화가로서 자리매김한 것이다.

나는 나의 길을 가겠다

'앞서가는 남의 수레 뒤를 따라가지 않겠다.'

조희룡은 자신만의 화풍을 이루겠다고 마음을 먹었다. 스승과 다른 예술관을 소신 있게 펼쳤던 그다운 생각이다. 유배지의 쓸쓸한 바닷가 오두막에서도 하루도 빠짐없이 붓을 들고 자기 얼굴, 거처, 매화, 난초, 괴석 등을 그렸다. 결국 스승이 잘 그리지 않았던 매화 그림을 통해 자신만의 영역에 우뚝 섰다.

사군자(매화·난초·국화·대나무를 이르는 말로써 문인화의 대표적 소재다) 가운데서도 특히 매화 그림은 조희룡을 따라갈 자가 없었다. 그가 그린 매화도의 가장 눈에 띄는 점은 붉은 매화를 그렸다는 것인데 이는 조희룡 이전에는 거의 없었던, 19세기 매화 화풍의 가장 큰 변화다. 앞서 〈홍매도대련〉이라는 작품에서 보았듯이 독특한 매화 줄기와 화려한 붉은 꽃잎이 화폭을 가득 채운 모습은 이전의 여백 많은 매화도와는 달리 대담하고 매혹적이다. 그의 내면에 있는 그림에 대한 열정을 거친 붓놀림을 통해 느낄 수 있다.

좀 더 간단하고 깔끔한 버전의 〈홍매도〉도 있다. 이 그림을 보고 있으면 빈센트 반 고흐의 〈꽃 피는 아몬드나무〉가 떠오른다. 고흐는 1890년 그의 생애 마지막 봄에 태어난 조카에게 환하고 아름다운 아몬드꽃을 그려 선물했다. 겨울 추위를 뚫고 가장 먼저 피어 봄을 알리는 꽃이 우리나라에선 매화이고 유럽에선 아몬드꽃이다. 고흐는 동생 테오에게 보낸 편지에 "나는 내 예술로 사람들을 어루만지고 싶어. 사람들이 내 그림을 보고 '그림을 그린 사람이 참 마음이 깊구나, 마음이 따뜻하구나'라고 느끼길 원

조희룡의 〈홍매도〉

빈센트 반 고흐의 〈꽃 피는 아몬드나무〉

해"라고 말했다.

〈홍매도〉에서도 고흐의 아몬드꽃처럼 아름답고 환한 봄과 그것을 전하고자 하는 화가의 따뜻한 마음이 느껴진다. 조희룡은 홍매를 그려 소외되었던 일반 대중의 마음을 위로하고, 그들의 괴로움을 덜어 주고자 했다. 이 아름다운 그림을 보면 고흐처럼 예술로 사람들의 마음을 어루만지고 싶어 했던 조희룡의 마음을 읽을 수 있다. 이후 홍매화가 문인화에서 자주 그려지는 소재가 된 것은 조희룡의 영향이 크다.

조희룡의 또 다른 독창적인 그림으로 전수식 매화도 병풍이 있다. 전수식 매화도란 매화 한두 그루를 여러 폭의 병풍에 펼쳐 그리는 형식을 말한다. 그는 우리나라에서 처음으로 전수식 매화도 병풍을 그려 유행시켰다. 대표작인 〈매화팔곡병〉은 63세이던 1851년 가을부터 1853년 봄까지 유배 기간에 그려진 작품으로써, 거대한 화폭 중앙에 그리 굵지 않은 붉은 매화 두 그루를 바위와 함께 그렸다.

〈홍백매도팔곡병〉이라는 작품에서 여러 폭의 병풍에 가지가 펼쳐지고 백매와 홍매가 한데 어우러진 모습은 이전에는 없던 획기적인 표현이다. 이 그림의 화려한 꽃은 은하수의 별 같기도 하고 나비를 풀어놓은 것 같기도 하다고 조희룡은 말했다. 그는 자유롭고 파격적인 화풍으로 사람들을 놀라게 했다.

〈고목죽석도〉 고목과 대나무, 돌을 함께 그린 그림이다.

　　조희룡은 '돌' 그림도 그렸다. 돌을 그림의 소재로 삼은 것은
유배지인 임자도에 있을 때부터였다. 화가의 눈으로 바라본 섬
의 돌들은 예사롭지 않았다. 그가 돌 그림을 그려 벽에 걸어 두
었더니 근처에서 유배 중이던 친구 우석 선생이 방문해 그림을
보고 무척 좋아했다고 한다. 조희룡은 유배지에서 괴석을 그릴
때 돌의 모양에 따라 점을 모아 찍기도 하고 흩뿌려 찍기도 하는
등 자유로운 붓놀림을 구사하며 자신만의 그림 세계를 만들어
나갔다.

조희룡은 《화구암난묵》에서 "나의 그림은 본래 법이 없이 다만 가슴속의 뜻을 그릴 뿐이다"라고 말한다. 즉 전통적인 방법이나 남을 따라 하기보다는 자신이 느끼고 생각한 대로 그리는 것이 진정한 그림이라고 여긴 것이다. 그래서 그의 그림은 자유분방한 느낌이 든다.

유배 시기를 거쳐 노년에 이를수록 조희룡은 더욱 자유로운 붓놀림을 보여 준다. 중인으로서의 한계와 유배라는 고난을 겪으면서도 그는 가슴속의 뜻을 좇아 붓이 가는 대로 호방하게 그렸다. 옛것을 익히되 새로운 변화를 더해 독특한 그림을 탄생시킨 그의 과감한 시도와 용기는 오늘날까지도 많은 예술가에게 영감을 준다.

문인화와 사군자

#조선 미술 #동양화

문인화는 직업 화가가 아닌 사대부들이 취미로 그린 그림을 말하는데, 보통 그림에 시가 결합된 형태다. 대부분 먹을 사용해 간략히 그린 후 엷게 채색하며, 사물의 외형을 꼼꼼하게 그리기보다는 마음속의 사상을 표현하는 경향이 있다. 문인화의 주 소재는 '사군자'인데, 매화·난초·국화·대나무를 말한다. 각 식물 특유의 장점을 군자, 즉 덕과 학식을 갖춘 사람의 인품에 비유해 사군자라고 부른 것이다.

매화는 겨우내 매서운 추위 속에서도 꽃망울을 맺고 있다가 이른 봄에 맑은 향기를 뿜어내며 꽃을 피운다. 추위 속에 홀로 핀 매화의 고고한 자태는 선비의 곧은 지조와 절개로 비유된다.

난초는 잎이 늘 푸르고 곧으며 거름을 탐하지 않아서 바위나 돌, 모래 틈에서 척박하게 살아간다. 그런데도 꽃이 피면 그윽한 향이 온 산을 진동시킨다. 깊은 산중에 홀로 피어 고아한 자태로 은은한 향을 내뿜는 난은 지조 높은 선비와 절개 있는 여인에 비유된다.

국화는 모든 꽃이 피었다 지고 없는 늦가을, 그제야 조용히 서리를 맞으며 피어난다. 선비들이 국화를 좋아한 이유는, 생긴 것은 소박하나 가을

파격적인 구도미가 돋보이는 조희룡의 난초

의 서리를 이겨내는 의연함과 은은한 향취 때문이다.

　대나무는 모든 식물의 잎이 떨어진 추운 겨울에도 푸른 잎을 계속 유지하면서 곧게 자란다. 그래서 난세에도 뜻을 굽히지 않는 군자의 기상에 많이 비유된다.

　각 식물 특유의 장점을 군자, 즉 덕과 학식을 갖춘 사람의 인품에 비유하여 사군자라고 부른다. 높은 지조와 굳은 절개를 군자의 가장 큰 덕목으로 여겼던 유교 사회에서는 악조건 속에서도 꿋꿋이 꽃을 피우는 사군자가 선비들의 많은 사랑을 받았다. 선비들은 사군자를 그리며 인격을 함양했다.

유배를 알면 예술이 다르게 보입니다

Q1.

이 책은 주로 16~18세기에 유배되었던 인물들을 다루고 있습니다. 그전에도 유배된 사람이 많이 있었을 텐데, 특별히 이 시기를 선택하신 이유가 있을까요?

(신) 16~18세기 조선에 붕당정치가 처음으로 생기기 시작했어요. 각 당파는 권력을 쥐면 상대 당에 정치 보복을 하곤 했는데, 그것이 처음에는 좌천이나 파직 등 직위 해제 정도였다가 점차 유배나 사형 등으로 강도가 세졌어요. 당쟁으로 인해 우리나라 역사상 가장 많은 사람이 유배당했기 때문에 이 시기를 선택했습니다.

(김) 우리나라 유배의 기원이 확실하진 않지만, 삼국 시대 때 신라에도 유배와 비슷한 형벌이 있었고 고려 때에도 유

배형이 있었답니다. 하지만 아무래도 조선 시대에 가장 유배된 사람이 많은데다 현대와 가장 가까운 역사이기에 이 시기를 선택했어요.

Q2.

7인의 인물은 유배지에서의 삶을 그저 견디는 데 그치지 않고 걸작을 탄생시켰습니다. 결코 쉬운 일이 아니었을 텐데, 그렇게 할 수 있었던 원동력은 무엇이었을까요?

(신) 아무리 천재라 할지라도 갑자기 세상 사람 모두에게 죄인으로 손가락질받는 유배 생활은 아주 낯설고 무서웠을 거예요. 게다가 언제 사형선고가 내려질지 모르는 상황에서 하루하루를 무의미하게 보내는 건 더더욱 견딜 수 없는 일이었을 거고요. 7인의 인물은 각자 본인이 잘하는 것, 즐거움을 느끼는 것에 몰두하면서 고통의 시간을 견뎠을 겁니다. 거기다 미래를 알 수 없는 한정된 시간 속에서 무언가 해야 한다는 압박감과 폭발적인 몰입의 힘이 삶을 꿰뚫는 걸작의 완성으로 이어졌을 거고요.

(김) 그뿐만 아니라 이 7인은 자신을 사랑하고 세상을 사랑하는 사람들이었을 거란 생각이 들어요. 그랬기 때문에 유배 상황에서 삶을 놓아 버리지 않고, 오히려 더욱 세게 붙들

어 예술의 꽃을 피울 수 있었을 거예요.

Q3.

7인의 인물이 대부분 양반인데요, 늘 차려주는 밥만 먹고 빨아 주는 옷만 입다가 유배지에 홀로 남겨졌을 땐 어떻게 집안일을 했을지 궁금합니다.

(신) 간혹 유배 죄인 중에 복권이 확실하거나 친인척이 고위 관직에 있었던 사람들은 지방 수령을 마치 하인처럼 부릴 정도로 권세가 있었다고 합니다. 아니면 유배인을 보살펴 주는 '보수주인'이라는 해당 지역 지방민이 있어서 밥을 해 주거나 옷을 빨아 주기도 했고요. 이광사의 경우 작은아들이 함께 지내면서 아버지를 위해 집안일을 했습니다. 하지만 아무에게도 도움을 받지 못했던 사람들은 직접 농사를 짓거나 일을 하며 지내야 했지요.

(김) 같은 양반일지라도 처했던 경제적 상황이나 가치관에 따라 집안일을 해결하는 방법이 달랐답니다. 실학파였고 가난했던 정약용은 스스로 채소를 경작할 만큼 부지런했습니다. 반면 부유한 왕족의 자손이었던 김정희는 제주도 음식이 입에 맞지 않으니 반찬을 보내달라고 아내에게 투정을 부리는 모습을 보이기도 했죠.

Q4.

7인의 인물 모두가 타고난 재능과 노력이 범상치 않았던 것 같습니다. 그런데 만약 그들이 유배를 가지 않아도 되는 지금 세상에 태어났다면 그와 같은 걸작이 탄생할 수 있었을까요?

(신) 저는 불가능했을 거라고 생각해요. 요즘은 자기가 재능 있는 분야에 온전히 몰입하기에는 방해되는 요소들이 너무 많아요. 인터넷, 핸드폰 같은 편리한 발명품들은 혼자 고립될 자유를 주지 않죠. 그러나 한편으로 예술가와 과학자가 더 좋은 대우를 받는 세상이기도 하니 이런 세상에 이광사, 정약용, 조희룡 같은 사람들이 태어난다면 세계적으로 유명해질 수도 있겠다는 생각도 들어요.

(김) 저도 신 선생님과 마찬가지예요. 지금은 한 달에 한 권씩 책을 쓸 만큼 몰입하기가 매우 어려운 시대라고 생각해요. 하지만 정약용처럼 세상을 향한 호기심이 강하고 기초과학을 바탕으로 아이디어를 창조해 내는 인물이라면 오히려 지금 시대에 더 잘 맞는 인재상일 수도 있다는 생각도 들어요. 요즘은 온갖 학문과 예술이 새로운 방식으로 융합되는 시대니까요.

Q5.

만약 7인 모두가 유배되지 않고 원래의 위치에서 재능을 발휘했다면 조선의 역사는 어떻게 달라졌을까요?

(신) 허균이 유배되지 않았다면 적서차별을 비롯한 조선 시대 신분 차별이 좀 더 일찍 사라지지 않았을까요? 윤선도가 유배되지 않았다면 부정부패로 가득한 관료들을 고발하고 심판했을 것 같고요. 한글 시조도 훨씬 광범위하게 퍼져 시조 문학의 부흥기가 왔을 수도 있겠네요. 이광사가 유배를 가지 않았다면 우리나라 모든 궁궐과 절의 현판들이 이광사의 글로 도배되었을 것 같아요. 워낙 인기가 많았으니까요. 중국과 구별되는 우리나라 고유의 서체도 더 일찍 확립되었을 테고요. 이 7인의 인물이 유배되지 않을 수 있는 사회적 분위기였다면 조선 사회는 아마 훨씬 더 발전했을 거예요.

(김) 정약용이 귀양을 가지 않았다면 개혁 군주 정조와 함께 실학을 바탕으로 정치 개혁을 제대로 추진하지 않았을까요? 그랬다면 조선이 일본의 식민지가 되지 않았을 수도 있겠네요. 김정희는 동지부사가 되어서 청나라에 갈 뻔하다가 유배되었잖아요. 만약 김정희가 무사히 청나라를 방문했더라면 조선에서도 고증학과 실학이 더욱 발전했을

것이고 그 결과로 조선도 좀 더 개방적인 나라가 되었을 것 같아요.

Q6.

조선 시대에는 각종 고문을 비롯한 잔인한 형벌이 많아서 유배는 그리 무겁지 않은 형벌이라고 생각하는 사람도 많을 텐데요, 유배형이 당시에 어느 정도로 엄중한 형벌이었는지 궁금합니다.

(신) 조선 시대의 형벌은 태형, 장형, 도형, 유형, 사형 등이 있었습니다. 태형과 장형은 곤장을 맞는 형벌이었고요, 도형은 감옥에 갇혀 지내며 강제 노역을 하는 형벌이었어요. 유형은 유배형을 말하는데요, 사형 다음으로 엄중한 형벌이었습니다. 보통 몇십 년씩 고향에도 못 가고, 일가친척과 가족은 모두 뿔뿔이 흩어져 노비가 되어야 했습니다.

(김) 유배형 중에서도 위리안치형이 가장 엄중하고 고통스러워요. 위리안치형을 받으면 일단 곤장 100대를 맞고 시작하거든요. 죽기 직전까지 두들겨 맞은 상태로 먼 길을 걸어가야 한다고 상상해 보세요. 섬이면 배를 타고 가다가 풍랑을 만나 죽을 수도 있고요. 어찌어찌해서 유배지까지 무사히 간다고 해도 가시울타리 밖으로 한 발짝도 나오지 못하니 외로움의 극한을 맞이하는 일밖엔 없는 거죠. 더욱 끔

찍한 것은 언제 사약을 받을지 몰라 하루하루 시한부 인생을 살아야 한다는 것이었죠.

Q7.

상황이 좋든지 나쁘든지 늘 최선을 다해 자신에게 주어진 삶을 살아야 한다는 것은 현재를 사는 우리에게도 꼭 필요한 덕목인 것 같습니다. 청소년 독자가 앞으로 어떤 서체로 인생을 그리며 살아가야 할지 한 말씀 부탁드립니다.

(신) 인생을 살다 보면 좋을 때도 있고 나쁠 때도 있습니다. 그리고 나쁜 일은 늘 예고 없이 찾아오죠. 그럴 때 까만 밤하늘에 흩뿌려져 있는 별들을 바라보거나 까마득히 먼 옛날부터 지금까지 이어져 온 지구의 역사를 생각해 보세요. 그러면 큰일인 줄 알았던 일들이 사실 그리 큰일이 아니라는 생각이 들 거예요. 좋은 때도, 나쁜 때도 다 지나갑니다. 우리는 주어진 시간 속에서 나만이 할 수 있는, 나의 가치를 찾을 수 있는 일이 뭔지 발견하고 그것을 키워나가는 하루하루를 보내야 할 것입니다. 매일 작은 일에 최선을 다하며 꿈을 키워 보세요.

(김) 맞습니다. 우주의 역사를 생각하면 인간의 생애는 찰나에 불과합니다. 그러므로 유배 같은 나쁜 상황이 나에게

닥친다 해도 거기에 파묻혀 시간을 허비하지 말아야 합니다. 스티브 잡스의 말처럼, 항상 갈망하고 우직하게 나아가세요. 내가 좋아하고 잘하는 것을 찾아 일정한 성취를 이룰 때까지 밀고 나아가세요. 그럴 때 우리의 삶은 긍정과 기쁨의 에너지로 가득 차게 될 거예요.

참고 자료

책

1. 허균

신정일, 《천재 허균》, 상상출판, 2020

이병주, 《허균》, 나남출판사, 2014

허경진, 《허균평전》, 돌베개, 2002

이이화, 《허균의 생각》, 교유서가, 2014

허균, 박승원 엮음, 《혼자가 되면 보이는 것들》, 원앤원북스, 2016

2. 윤선도

고미숙, 《윤선도 평전》, 한겨레출판, 2013

김일광, 《윤선도》, 파랑새, 2017

옥태권, 《윤선도와 보길도》, 글터, 2019

3. 김만중

김현양, 《사씨남정기》, 휴머니스트, 2012

김만중, 심경호 엮음, 《서포만필 상·하》, 문학동네, 2010

김만중, 송성욱 엮음, 《구운몽》, 민음사, 2003

김병국, 《서포 김만중의 생애와 문학》, 서울대학교 출판부, 2001

정규복, 《김만중 연구》, 새문사, 1983

4. 이광사

정강철, 《소설 원교》, 문학들, 2021

이진선, 《강화학파의 서예가 이광사》, 한길사, 2011

5. 김정희

양진건, 《그 섬에 유배된 사람들》, 문학과지성사, 1999

조정육, 《조선의 글씨를 천하에 세운 김정희》, 아이세움, 2007

유홍준, 《추사 김정희》, 창비, 2018

김영환, 《다산과 추사를 따라간 유배길》, 호밀밭, 2019

6. 정약용

박석무, 《다산 정약용 평전》, 민음사, 2014

조윤제, 《다산의 마지막 공부》, 청림출판, 2018

정약용, 박석무 엮음, 《유배지에서 보낸 편지》, 창비, 1991

정민, 《한밤중에 잠깨어》, 문학동네, 2012

이덕일, 《정약용과 그의 형제들 1,2》, 다산북스, 2012

고미숙, 《두 개의 별 두 개의 지도》, 북드라망, 2013

홍영분, 《정약용 이야기》, 웅진주니어, 2014

7. 조희룡

이성혜, 《조선의 화가 조희룡》, 한길아트, 2005

참고 자료

이선옥, 《우봉 조희룡》, 돌베개, 2017

사진 출처

6쪽   ⓒ국립중앙박물관

6, 64쪽   ⓒ국립중앙박물관

7, 29쪽   ⓒ국립중앙박물관

8쪽   ⓒ국립중앙박물관

9쪽   ⓒ김기현; 공유마당

16쪽   ⓒ권오창; 위키미디어

26, 33쪽   ⓒ김순식; 공유마당

36쪽   ⓒ해남윤씨귤정공파종친회; 위키백과

49쪽   ⓒJocelyndurrey; 위키미디어

68쪽   ⓒSteve46814; 위키미디어

75쪽   ⓒ국립중앙박물관

91쪽   ⓒ국립중앙박물관

98쪽   ⓒ이한철; 위키미디어

102쪽   ⓒ국립중앙박물관

103쪽   https://www.flickr.com/photos/koreanet/17076171307

116쪽   ⓒEthan Doyle White; 위키미디어

118쪽   ⓒ한국민족문화대백과사전

135쪽   ⓒ국립중앙박물관

137쪽   ⓒ잉여빵; 위키미디어

147쪽   ⓒ국립중앙박물관

참고 자료

참고 자료

다른 포스트

뉴스레터 구독

유배도 예술은 막을 수 없어

허균부터 정약용까지 고난 속에서 피어난 조선 7인방

초판 1쇄   2022년 10월 25일
초판 3쇄   2024년 6월 12일

지은이   신승미·김영선

펴낸이   김한청
기획편집   원경은 차언조 양선화 양희우 유자영
마케팅   정원식 이진범
디자인   이성아
운영   설채린

펴낸곳 도서출판 다른
출판등록 2004년 9월 2일 제2013-000194호
주소 서울시 마포구 동교로 27길 3-10 희경빌딩 4층
전화 02-3143-6478   **팩스** 02-3143-6479   **이메일** khc15968@hanmail.net
블로그 blog.naver.com/darun_pub   **인스타그램** @darunpublishers

ISBN 979-11-5633-501-6 (44000)
        979-11-5633-437-8 (세트)

다른 생각이
다른 세상을 만듭니다